可复制的
小团队
管理法

周云炜————著

苏州新闻出版集团

古吴轩出版社

图书在版编目（CIP）数据

可复制的小团队管理法 / 周云炜著. -- 苏州 ： 古
吴轩出版社，2024. 12. -- ISBN 978-7-5546-2546-0

Ⅰ．C936

中国国家版本馆CIP数据核字第2024VQ5601号

责任编辑：蒋丽华
见习编辑：赵　卓
策　　划：仇　双
装帧设计：尧丽设计

书　　名：可复制的小团队管理法
著　　者：周云炜
出版发行：苏州新闻出版集团
　　　　　古吴轩出版社
　　　　　地址：苏州市八达街118号苏州新闻大厦30F
　　　　　电话：0512-65233679　　　邮编：215123
出 版 人：王乐飞
印　　刷：水印书香（唐山）印刷有限公司
开　　本：670mm×950mm　1/16
印　　张：13
字　　数：132千字
版　　次：2024年12月第1版
印　　次：2024年12月第1次印刷
书　　号：ISBN 978-7-5546-2546-0
定　　价：49.80元

无论是晋升到更高的职位，还是选择创业的道路，从员工到管理者，不仅仅是职位的变动，更是一种内在角色的彻底转变。

由于初期团队建设尚未完善，且为了控制成本，管理者和员工往往都需要身兼数职，每位团队成员都是核心人物，在团队中发挥着举足轻重的作用。如果管理得当，员工在提升自我能力的同时还愿意为团队做出贡献，推动团队的长远发展。若在团队沟通、分工和绩效考核等方面处理不当，则容易导致团队不稳定，甚至直接影响到初创公司的生死存亡。

因此，对小团队的管理者来说，正确地引导和激励团队成员，使他们能够充分发挥自己的潜力，是管理的首要任务。

许多人在正式担任小团队管理者之前，就已在某个行业内积累了丰富的经验，堪称"行家里手"。但在接触管理后，往往会感到无所适从、难以适应。由于缺乏系统的管理知识，只能依靠自身的直觉、道德品质和情感进行管理，很容易陷入管理陷阱。

只有在良好的管理环境下，团队成员才能更好地协作，共同实现团队目标，从而推动企业的发展。如何打造一个成功的小团队？如何让团队成员之间密切合作并高质量地完成项目交付？这是每个小团队管理者都要面临的挑战。

虽然市面上针对企业家和大公司高管的管理类图书随处可见，但是这些图书主要关注的是如何管理数以百计、数以千计的员工，并深度剖析世界 500 强企业的管理秘诀。然而，对于新晋的小团队管理者而言，这些图书并不总是适用。管理小团队有其独特的挑战和需求，需要有针对性地进行指导。这些指导和建议既不能违背管理学的基本常识，也不能带有作者的主观臆断，还要切实解决一线管理难题。为了解决这一困境，作者结合十多年的团队管理经验与研究，撰写了这本书。

本书从如何培养卓越的领导力、如何有效沟通、如何明确团队目标、如何做好人才聘用、如何进行绩效管理、如何管理多元化人才，以及如何营造团队氛围等方面着手，详细介绍了打造成功的小团队，并高质量完成项目交付的切实可行的方法。希望本书能为小团队管理者提供可落地的建议和指导，从而能游刃有余地管理小团队。

目录
CONTENTS

第1章

卓越领导力：拥有管理思维

凡事亲力亲为，只会费力不讨好

成为管理者，并不是自然而然就能胜任这一角色。通常情况下，新晋管理者，往往会陷入事必躬亲的误区。久而久之，不仅自己心力交瘁，还令下属逐渐变成事事听命令、等指示、靠请示的无主见者，失去主动性和独立性，最终使得整个团队处于危险的边缘。

姚笛凭借自己在房产界打拼多年的经验和人脉资源，开了一家房产中介公司，聘用了5名房产销售和1名前台接待人员。没过多久，姚笛就发现公司近80%的客户都是自己一个人在负责，团队其他5名销售人员只承担了另外20%的客户。虽然姚笛每天都忙得脚不沾地，承担了大量工作，但团队的整体业务情况仍然不理想，员工们也漠不关心。

案例中的姚笛显然还没有适应管理者的角色。她过度亲力亲为，不仅让自己疲劳不堪，事事力不从心，还使得员工感到被束缚，无法充分发挥他们的潜力，导致团队工作效率低下。显然，这样的管理者是不合格的。

也许有的小团队管理者认为，自己作为管理者应该在工作中比其他员工更努力、做得更多，起带头作用。但其实这些行为在那些优秀员工的眼中，就是对他们的不信任和否定，甚至会导致人才流失。而在那些本就喜欢浑水摸鱼的员工眼中，领导的做法反而减轻了自己的工作量，何乐而不为？最终的结果就是有才能的下属另谋高就，不爱动脑的庸才留在公司中安逸地维持现状。这样的团队实力可想而知。

1. 发挥管理职能

当管理者陷入堆积如山、似乎永远也处理不完的琐碎事务时，便难以发挥管理职能。此时，管理者需要重新审视自己的工作方式，以便腾出更多时间专注于重要的决策和战略规划。

（1）调整工作重心。当你还是一名员工的时候，你的大多数工作和事有关，比如提高个人业绩或跟进某个项目进度等。而成为管理者后，你的工作开始更多地和人有关，比如给员工安排工作，和供应商、客户建立人际关系，等等。

学会合理分配任务，将琐碎事务交给员工处理，而你自己则只需要专注于把握整个项目的重点和核心部分。通过这种方式，员工还可以在工作过程中积累宝贵的经验，从而不断提升他们自身的能力。

（2）改变工作观念。你要意识到，自己不能再单纯地追求成为"职场明星"了，而是应该侧重于帮助员工完成更有价值的工作，将光环让给员工，给予他们彰显个人价值的机会，让他们感受到自己是团队中有价值的一员。

2. 根除事必躬亲的思想

产生事必躬亲思想的原因有：

（1）惯性使然。很多管理者曾经是优秀员工，接到任务后的第一反应就是立即执行，而不是和员工协商，看看是否可以借助团队之力完成任务。

（2）本性使然。有些管理者很享受成为灵魂人物的感觉，他们习惯了当"业绩明星"，甚至在潜意识中担心自己被员工抢了风头，下意识地和员工比能力、比业绩。

（3）心性使然。有些管理者不信任员工的工作能力，担心其无法独立完成工作，所以事事都想亲力亲为。

不管是哪种原因，当你成为管理者后，一定要摆脱员工思维的桎梏，要以管理者的价值观为导向开展工作，认识到衡量你成功与否的标准已经不再是个人业绩，而是你所领导的小团队的业绩。

不再专注于个人，而是关注团队表现

对于员工来说，个人的功劳和成就是他们努力工作的强大动力。然而，作为一名管理者，你需要深刻认识到，在团队中，重要的不是某位员工的成功，而是整个团队的成功。

成为小团队的管理者后，你需要具备全局观念，从关注个人转变为关注团队整体。不再仅仅是自己做得好就好，而是要为员工创造自我驱动的环境，确保整个团队的表现达到最佳。

自我驱动的环境指的是能够激发个体内在动机、促进自主性和责任感的环境。在这种环境中，员工能够感受到自己的工作是有价值的，从而更加积极主动地投入到工作中。

一个开发智能家居产品的小团队，一共五个人，每个人都拥有高度的自我驱动力。

团队中的"领头羊"凭借敏锐的洞察力和丰富的经验，为团队指明了前进的方向。团队中的技术攻坚者总是能够攻克项目中的技术难题，为产品的顺利开发提供有力保障。还有一位成员擅长市场分析和用户调研，能够精准把握市场需求，为产品的定位和推广提供参考建议。其他两位成员则负责产品的设计，他们的创意和才华让产品更加吸引人。

在自我驱动的环境中，团队成员们充分发挥了自己的优势，同时也相互学习、相互支持。每当遇到困难和挑战时，他们总是能够迅速调整心态，积极寻找解决方案。

在团队的共同努力下，他们打造的智能家居产品终于成功面市，并获得了市场的广泛认可，这不仅为团队带来了丰厚的回报，还为他们赢得了业界的赞誉。

要想营造自我驱动的环境，管理者可以从以下几方面入手。

1. 为员工提供学习机会

管理者应为员工提供持续学习的机会，如培训、研讨会及在线课程等，并免费开放给员工参与。这些机会不仅能让员工拓宽视野、提升技能，还能帮助他们在职场中保持竞争力，并激发他们自我提升的动力。

2. 不要看着员工工作

小团队因为员工少、办公区小，管理者可能会不自觉地紧盯着员工工作，给员工带来被监视的不适感。这种氛围不仅影响团队和谐，还可能削弱员工的工作动力。

为了营造更加自由和舒适的工作环境，管理者首先应设定清晰的工作目标和任务，让员工在职责范围内自主决策，并承担相应责任。这样，管理者就无需过度关注员工的工作过程，减少对细节的监督，让员工感受到被信任和尊重，从而激发其工作积极性。

3. 不搞"一言堂"

作为管理者，应该避免陷入"一言堂"的局面，不要总是单方面地做出决定，而是要积极倾听员工的声音，尊重他们的意见和想法。在团队决策的过程中，管理者应当鼓励员工积极参与讨论，提出自己的见解和建议，而不是仅仅被动地接受指令。通过这种方式，团队成员可以充分表达自己的观点，集思广益，从而找到更全面、更有效的解决方案，增强团队的凝聚力和执行力。

教会徒弟，成就师傅

在职场上，常常会听到这样一种说法："教会徒弟，饿死师傅。"这句话的意思是，如果你把所有的技能和知识都传授给了你的徒弟，那么徒弟一旦掌握了这些技能，就可能会取代你的位置，导致你自己失去工作机会。

然而，当一个人成为管理者后，情况就完全不同了。

作为管理者，你的职责不仅仅是完成自己的工作，还要培养和指导团队成员，帮助他们成长和提升。这时，"教会徒弟"就不再是威胁，而是一种责任和使命。通过传授知识和技能，你可以激发团队成员的潜力，提高团队整体的工作效率和凝聚力。

同时，一个优秀的管理者应该具备足够的自信和能力，不怕被取代，这就要不断学习和进步，以保持自己的竞争力。

因此，管理者必须掌握如何在传授知识、技能与保持个人价值之间取得平衡。

1. 培养团队中的潜力股

管理者应当具备敏锐的观察力，能够识别团队中具有潜力的员工。对于这些潜力股，管理者应当给予他们适当的指导和机会，帮助他们克服困难，激发他们的潜力。通过这种方式，潜力股员工能够迅速成长，为团队做出更大的贡献。

在培养这些潜力股员工成为得力助手之后，他们将能够承担更多的责任和任务。这样一来，管理者就可以从一些琐碎的事务中解放出来，拥有更多的时间和精力去思考和处理更有价值、更具战略意义的事情。

当其他员工看到团队愿意投资他们的成长和发展时，他们会更加珍惜自己的工作机会，更加积极地参与到团队合作中。这种积极向上的氛围将有助于吸引更多的优秀人才加入团队，形成一个良性循环。

这种双赢的局面正是团队持续发展的关键所在。

2. 鼓励员工互相分享

在团队中，员工之间的互相分享是非常重要的。管理者不仅要以身作则，无私地分享自己的经验和知识，还要积极创造各种机会，鼓励员工之间进行广泛的交流和分享。通过这种方式，员工们可以互相学习，借鉴彼此的优点和长处，同时也能发现并改进自己的不足。这种积极的分享文化不仅能促进员工个人的成长和发展，还能增强团队的凝聚力和向心力。

当员工们在分享中相互学习、取长补短时，他们会逐渐形成一种共同进步的良好氛围。这种氛围不仅能激发员工的潜力，还能提高团队的整体实力和竞争力。

分享文化还能帮助员工更好地理解彼此的工作内容和方法，进而在工作中配合得更加默契，从而提高工作效率和质量。

3. 保持个人的不可替代性

当然，如果管理者只是一味地传授知识给员工，而忽视了自身的学习和成长，最终可能会发现自己被掏空，失去了核心竞争力。这样一来，管理者在团队中的地位就会变得可有可无，甚至可能被边缘化。

为了避免上述情况的发生，管理者必须重视个人能力的提升，努力提高自己的综合素质，这不仅包括专业技能的提升，还包括沟通能力、领导力和团队协作能力的增强。只有通过不断学习和提升，管理者才能在激烈的人才竞争中保持自己的优势。

学习不仅仅是为了应对当前的工作挑战，更是为了适应未来的变化和不确定性。一个优秀的管理者应当将学习作为一种持续的、终身的过程，不断提升自己的知识和技能，确保自己在团队中始终处于不可替代的地位。

通过培养团队、建设团队文化和提升自我，管理者可以在确保个人价值的同时，带领团队走向更高的成就。

"无威不治"，软硬兼施，树立威信

　　在与同事相处的过程中，大多数员工会努力维持友好的态度，对同事笑脸相迎，以避免发生冲突。但是，作为管理者，如果也采取这种不得罪人的相处策略，从未在团队中树立自己的威信，那么即使你积累了丰富的工作经验，也难以让团队成员服从。

　　威信不是与生俱来的，而是管理者通过具体的事件和项目一点点在员工心目中树立起来的。

　　刘帅是一位在图书行业拥有十年工作经验的资深人士，如今已开创了自己的图书公司，实现了从员工到老板的华丽转身。刘帅对工作的热情如同一团烈火，他热切地渴望带领自己的小团队大展拳脚。

　　公司刚刚成立，刘帅也成为管理者没多久。虽然他现在已经不是员工了，但他还是和之前一样，用员工的心态跟下属打交道，一点老板的架子都没有。大家看起来都很配合他的工作，但是随着小团队开发的项目越来越多，冲突也不可避免地出现了。

公司里有一位高薪聘请的资深员工，名叫张波，他是最早一批涉足图书销售领域的专业人士，积累了丰富的行业经验和大量的人脉资源。刘帅对张波寄予厚望，深信他将成为公司的中流砥柱。

针对下个季度新书的销售计划，刘帅主张应以传统销售渠道为主，同时将新媒体平台作为辅助销售渠道，避免盲目扩张新媒体销售渠道。但张波却坚决不同意刘帅的看法，他认为新媒体平台近年来发展迅速，为消费者提供了更多选择，应该全力开发新媒体销售渠道，如果公司不能跳出旧有的销售模式，迟早会被市场淘汰。张波甚至直言不讳地说："虽然你是老板，但你根本不懂销售，不能与时俱进，我们跟着你，迟早成为'无业游民'。"

这句话戳中了刘帅的痛处，他不知道该如何回应，场面顿时陷入了尴尬。会议结束后，刘帅彻底认清现实，虽然大家表面上对他客客气气的，但是内心深处并不认可他，更不会服从他的管理。员工们也逐渐发现了刘帅没有威信的事实，很多决策性问题甚至略过刘帅只找张波沟通。

刘帅就是缺乏威信的典型例子，这种情况往往发生在新任管理者身上。威信对于管理者而言是不可或缺的，管理者可以采取软硬兼施的方法，在团队中树立起真正的威信。

1. 依靠职权的"硬"方法

职位权力并不绝对属于任何一个具体的个人，它取决于是谁在这个职位上，只要拥有这个职位，就拥有了与之相应的权力，如审批权、决策权、奖惩权等。

从心理学的角度来说，员工往往有以下三种心理：一是对归属感的需求心理。在职场中，员工希望自己可以归属于某个团队，并得到团队领导的认可。二是对管理者的服从心理。人们往往会在潜意识里认为管理者不同于普通员工，他们有能力、有才干。这种认知逐渐成为某种社会规范，使得员工对管理者产生服从心理。三是趋利避害心理。管理者通常拥有奖惩权，员工不服从其管理可能会受到惩罚，服从其管理则可能会获得利益。出于趋利避害的心理，员工自然会服从管理者的领导。

所谓"硬"方法，就是管理者发挥职权带来的天然优势，并利用这三种常见的员工心理，快速在员工心中树立自己的威信。

（1）审批权。管理者拥有审批权，可以对员工提交的报告、计划等进行审查和批准，这能让员工对其产生敬畏感。比如，在案例中，当张波找刘帅审批时，刘帅可以对他说："我现在正忙，一会儿处理。"虽然这样做看上去有点儿摆架子，但对于新上任、没有建立威信的管理者来说很有用，能让一直挑衅你权威的下属意识到你是他的上级。

（2）决策权。决策权可以决定员工的工作内容，同时有权监督、考核员工的完成情况。比如，刘帅公司的员工们，在许多决策性问题上略过刘帅，只与张波进行沟通。那么，刘帅就可以通过让员工提交日报、周报、月报的方法来监督其工作进度。如果员工未按时完成自己交代的任务，且提交的日报、周报、月报不符合要求，就会影响其绩效考核。如此，就能不间断地提醒员工谁才是公司的"老大"。

（3）奖惩权。管理者拥有奖励和处罚员工的权力。如果员工达到管理者的要求，管理者可以给予员工奖励；反之，则给予处罚。比如，刘帅可以宣布：从本月起，通过传统销售渠道实现月度销售业绩超过 10 万元的员工，将获得 2000 元的奖励，并且奖励额度会随着业绩的提升而递增。这样就能激发员工支持并执行自己提出的决策。

2. 依靠个人实力的"软"方法

单纯靠职位权力树立威信往往容易产生副作用——难以服众。员工只是认可了管理者的身份，才暂时服从管理者，此时就要展示个人实力，用"软"方法来树立威信。

（1）下达指令要明确。管理者在下达指令时，必须确保指令的明确性，并帮助员工迅速了解自己的工作方向，这样管理者在员工心中的地位会随之升高。反之，如果管理者经常改变主意，频繁更改已经下达的指令，这会使员工感到自己的努力被浪费，从而对管理者产生不满和不信任。这种反复无常的行为无疑会损耗管理者的威信。

（2）业务水平过硬。很多时候，员工不服从管理，是因为他们认为"你什么都不懂，凭什么管我"。作为管理者，如果不具备专业知识或技能，不清楚某种技术或业务的细节，至少也要了解整体流程，达到能和员工有话可说的水平。管理者还要具备洞察力，能发现员工在工作过程中的漏洞或不足，同时给出改进建议。当你展现出强大的能力时，员工会对你产生崇拜和信服。

（3）懂得适时藏拙。每个人都并非全知全能的超人，管理者应该意识到自己的局限性，承认自己并非无所不知。当遇到自己不熟悉的问题时，管理者不要夸夸其谈，不懂装懂只会让自己陷入尴尬的境地，被员工质疑，失去威信。此时，不妨给予员工更多的发言机会，认真倾听他们的想法，从中获取更多有价值的信息，进而做出更明智的决策。

专业能力之外，人格魅力同样重要

团队管理者不仅是团队的决策者与指挥者，更是团队成长壮大的关键所在。一个优秀的管理者，不仅要在技术或业务上有所建树，更要在人格魅力上有所体现。

刘东是一家新成立的新媒体公司的老板。他曾是一名优秀的高级内容策划，从业十余年，他觉得凭借自己多年的从业经验，完全有能力独自经营好一家新媒体公司。

新成立的公司里，有他从原公司高薪挖来的员工，也有通过面试聘用的新员工。但公司刚刚成立三个月，他就发现员工没有团队意识，十分松散，对待他安排的工作任务敷衍了事。对此，刘东十分生气，于是让公司的人事部制定严苛的考勤和绩效考核制度。一时间，老板和员工之间的关系变得剑拔弩张。

半年后，大部分初创时期的员工已经离职，刘东的公司成了"换血"非常频繁的新公司。他对此十分苦恼，不知道自己哪里做错了，明明只是想规范一下公司的管理流程，怎么就把人都管跑了？

这种情况在很多小团队管理者中都存在。他们往往有一个共同的观点，认为管理就是管人。实际上，有效管理的核心并不是如何去管人，而是如何去影响人。在实际工作中，这种影响体现在多个方面。

1. 有远见卓识

一个优秀的管理者要能在员工感到迷茫、困惑时，引领其沿着正确的方向前进。这就要求管理者有远超员工的远见卓识，才能告诉他们朝着哪个方向走。

管理者的远见卓识不仅体现在为员工指明方向上，更在于管理者要始终有勇气走在队伍最前面。因为前方的道路充满了不确定性，管理者在关键时刻展现出的坚定能提升团队士气，使大家团结一心，形成一股强大的力量，共同面对挑战。

2. 起表率作用

管理者不仅是团队成员的领导者，也是他们的导师。管理者在日常工作中要注重自己的言行举止，为员工树立良好的行为典范。

在团队中，管理者的一言一行都会被员工看在眼里，记在心上，成为他们效仿的对象。比如，在出现问题时，管理者推卸责任，员工也会随之逃避责任；而当管理者勇于承担责任时，员工则会受到激励，变得更加负责任。

管理者不仅仅是工作原则的制定者，更是这些原则的维护者。只有当管理者以身作则，真正践行自己倡导的原则时，员工才会真正信服，从而形成一种积极向上的团队氛围。

3. 有人格魅力

那些具备良好的个人品质的管理者，通常更容易赢得员工的信任和尊重。即使他们在才智方面略显不足，但他们的正直、诚实和责任感使他们成为更受欢迎的管理者。相比之下，有些管理者尽管才华出众，但如果他们的品行恶劣，自私自利，缺乏道德底线，那么他们也难以获得员工的真心支持和拥护。

不过，单凭良好的个人品质还不足以成为理想的管理者，这些品质必须与出色的沟通能力相结合才能发挥最大的作用。正如"金子本身具有价值，但它的价值需要被人们认识才能体现"。

管理者需擅长与员工构建人际关系，并主动表达对他们的关怀，这是展现个人魅力的有效途径。在许多情况下，员工追随的不是某个计划或项目，而是那些能真正激发他们内心热情和积极性的领导。

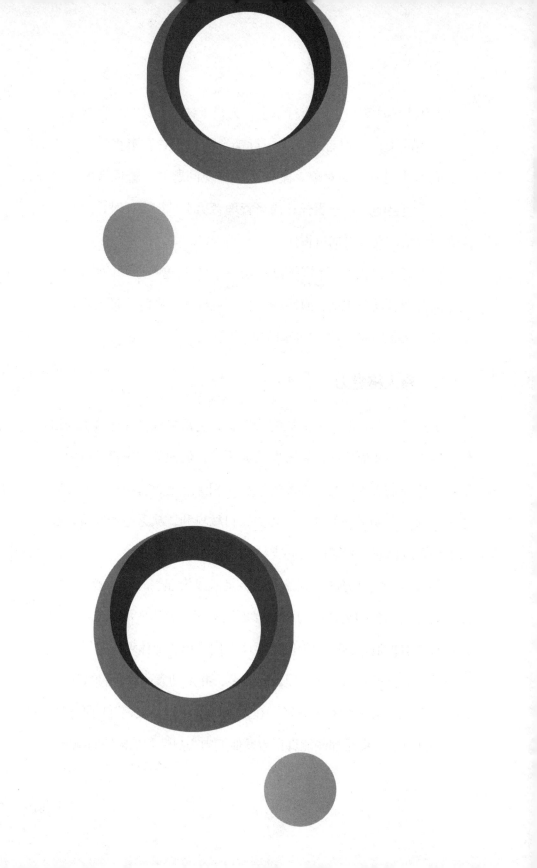

第 2 章

有效沟通：
团队高效合作的秘诀

# 这样做，告别无效沟通

常言道："不好的沟通比没有沟通更糟糕。"可见，无效沟通在团队合作中是多么有害。

有效沟通是每个管理者的必备能力之一。它是指在交流过程中，信息的传递和接收都达到了管理者预期的效果。有效沟通不仅仅是管理者单方面的信息传递，更重要的是员工对这些信息的理解和反馈。为了实现有效沟通，管理者需要确保信息在传递过程中没有被曲解或遗漏，以便管理者和员工能够达成共识，实现共同的目标。

1. 有效沟通的好处

（1）减少误解和冲突。在工作中，信息传递不畅或表达不明确，都容易引发管理者和员工之间的误解和冲突。有效沟通则可以

大大减少这些问题的发生，从而营造一个稳定的工作环境。

（2）提高决策的质量。管理者在做重要决策时，通常需要充分了解各方面的信息和意见。通过有效沟通，管理者可以从员工这里收集到更多的数据和观点，从而做出更为科学和全面的决策。

（3）提高工作效率。在团队中，虽然每位员工都有自己的职责和任务，但很多时候需要协同合作才能完成项目。有效沟通能够确保员工之间信息传递顺畅，理解彼此的诉求，从而提高团队的整体协作能力。

（4）提升客户满意度。对小团队来说，客户往往是其生存和发展的基础。通过准确地传达信息，能够更好地理解客户需求，及时解决问题，让客户享受优质的服务，获得满意的体验，从而提升客户的满意度和忠诚度。

2. 沟通漏斗效应

很多初创公司的老板聚在一起聊天时，都会抱怨"为什么员工不懂我？为什么员工总是执行不到位？"。这些问题的根源，往往在于管理者在下达指令时缺乏足够的精确性，或者员工对管理者的意图存在某种程度的误解。其实，这并非领导者或员工有意为之，而是一种普遍现象——沟通漏斗效应导致团队沟通效率下降。

沟通漏斗效应指出，在信息传递的过程中，由于各种原因，信息往往会逐渐丢失或被曲解。具体来说，当管理者试图向员工传达某个指令或想法时，信息在传递过程中可能会因为表达不清晰、缺乏细节、员工理解能力有限或者沟通渠道不畅等而逐渐丢失。结果就是，员工接收到的信息与管理者最初想要传达的信息存在差异，导致执行结果与管理者的预期不符。

对于这种现象，有人曾将其总结成这样一句话——老板心里想的是 100%，用语言表达出来的是 80%，员工听到的是 60%，听懂的是 40%，执行时只剩下 20%。

在日本的某大型企业中，有一项默认的惯例：领导在为员工分配任务时，要反复强调至少五次，以确保指示的准确。

第一遍，麻烦你帮我做某事。（向员工交代一项任务）

第二遍，麻烦你重复一下我让你做的事情。（确认员工是否明确工作内容）

第三遍，你知道我让你做这件事的目的吗？（确认员工是否知道自己要做的工作的结果）

第四遍，做这件事会遇到什么问题？你会怎么应对？（确认员工是否明确工作思路，考虑得是否全面，是否思考了可能遇到的问题及处理方法）

第五遍，对于这件事情，你有什么想法和建议？（确认员工是否了解工作重点，以及是否需要他人帮助）

在团队中，这种提问流程在管理者给员工布置工作时也同样适用，比如：如果员工复述的内容与管理者表达的意思一致，说明双方进行的是有效沟通；如果员工在理解管理者的指示时出现差错，管理者应当及时纠正。

3. 实现有效沟通的五个技巧

（1）双向交流。很多管理者在和员工沟通时，滔滔不绝地给员工灌输自己的想法，而员工却没有机会表达自己的想法。管理者在和员工沟通时，也要让员工发表自己的意见，这样员工的参与感会更强，会觉得自己的想法是有价值的。成功的管理者既善于表达自己的想法，也善于倾听员工的想法。

（2）避免含糊其辞。当管理者需要传达指令时，应该使用明确、具体的语言，确保员工能够领会，避免不必要的臆测。尽量避免使用过于笼统或含糊的词语，以免导致员工对指令的理解出现偏差。

（3）语速、语调适中。管理者应该保持语速适中，避免过快，以便员工能够跟上思路并理解信息。同时，适当的语调变化可以帮助管理者强调关键信息，使员工更容易记住重点内容，增强信息的传递效果。

（4）恰当的沟通环境。在与员工交流时，管理者应该挑选一个安静、舒适的环境，以确保对话能顺利进行。嘈杂的环境往往会分散员工的注意力，影响信息的传递和接收，因此应尽量避免在这样的环境中进行重要对话。

此外，私密性也是一个需要重点考虑的因素。员工在感到安全和不受外界干扰的情况下，才更容易敞开心扉，表达真实的想法和感受。

（5）适应多样化的沟通风格。每位员工都拥有其独特的沟通方式和偏好，认识到这些差异有助于管理者更有效地与员工交流。例如，一些员工偏好直接且明确的表达方式，另一些员工则倾向于间接和委婉的沟通。通过观察，管理者可以调整自己的沟通策略，以适应不同的员工。

沟通的目标不只口服，还有心服

擅长沟通的管理者能让员工心悦诚服，真正领会自己的意图并圆满地执行；而不擅长沟通的管理者，往往只能得到员工的表面应付，且执行效果远不能达到预期。

在一家小型互联网公司里，员工小李表面上对老板言听计从，内心却对老板的决策充满质疑。每当老板提出新的项目计划时，小李都会在心里默默摇头，认为这些计划缺乏可行性。

然而，小李从不公开表达自己的不满。他担心一旦这样做就会影响自己在公司的前途，甚至可能会遭到辞退。于是，他选择私下里和同事们交流自己的看法。渐渐地，小李发现其他同事也对老板的决策感到不满，但大家都不敢公开表达。

这种情况导致团队的士气逐渐低落，工作效率也受到了影响。尽管表面上看起来一切风平浪静，但团队内部的矛盾却在不断积累。

员工对管理者表面上顺从，内心却并不信服，他们还会在私下里对管理者的决策和能力进行批判，甚至传播一些负面言论，导致团队的动荡和分裂。

这种现象在许多小团队中尤为常见。由于团队规模较小，员工之间的互动频繁，负面言论和不满情绪很容易迅速传播开来。

管理者在与员工沟通的过程中，不仅要让员工口头表示同意，更要让他们真心信服。只有当员工在情感和认知上都认同管理者的意见时，他们才会在实际工作中积极主动地去执行和落实这些指令。

1. 远离员工的口服陷阱

从沟通的结果来看，主要可以分为四类：一是心服口服，二是心服口不服，三是口服心不服，四是口不服心也不服。对于管理者来说，最理想的情况无疑是让员工心服口服，即员工不仅在表面上与管理者达成一致，而且在内心深处也真正认同管理者的观点。

在许多公司中，管理者通常过于重视员工的口头表态，认为只要员工在口头上表示同意，就意味着他们已经接受了。这种做法忽视了一个重要的事实：真正的认同和信服来自员工的内心深处，即心服。

首先，口服往往只是一种表面现象，无法反映员工的真实想法。员工可能会因为各种原因，如担心失去工作、希望获得晋升机会等，而在表面上表现出对管理者的观点表示赞同。然而，这种赞同并不代表员工真正理解或接受了管理者的观点。

其次，口服容易导致一种虚假的和谐氛围，掩盖了潜在的矛盾和冲突，使管理者误以为团队内部没有任何问题。员工内心深处的不满和疑虑没有得到及时的解决，并且逐渐积累，最终可能导致更大的问题出现。

2. 让员工心悦诚服

《格言联璧·学问类》有云："与人谈理，须令人家胸中点头。"意思是，与人谈论道理，要讲得透彻明白，使人心服口服，才算达到了目的。所以，在与员工交流时，管理者不应该仅仅满足于员工口服，而应该努力使他们心服，让他们发自内心认可你的观点。

在一个小型初创公司中，王总发现员工小张最近的工作积极性不高，项目进度也受到了影响，于是决定和小张进行一次深入沟通。

王总把小张叫到办公室单独谈话，整个交流过程中并没有批评小张，而是耐心地询问："这个项目对于咱们这家刚起步的小公司而言有难度，我想知道你的压力是什么。你是整个项目的负责人，承担的任务最多，如果有需求，我希望你能及时跟我反馈，我们共同攻克难题。"

小张听到王总这么说，如释重负，于是坦白道，自己最近的确在工作中遇到了一些难题。原来，小张虽然专业技能过硬，但从未担任过项目负责人，一时间难以承担对接客户的压力，常常因为沟通不顺利导致进度缓慢。担心不能按时完成任务的小张终日寝食难安，工作上也常常出错。

王总听完小张的叙述之后，在表示理解的同时，鼓励小张平时遇到问题多找自己沟通，还向小张分享了自己过去解决类似问题的经验，提出了一些具体的建议，并给予资源支持。此外，王总还明确表达了对小张的期望和信任，鼓励他勇敢面对挑战，以取得更好的成绩。

通过这次深入沟通，小张在感受到被领导重视和关心的同时，也获得了实际的帮助和指导，重新找回了对工作的热情和信心，开始积极投入到项目开发中，项目进度也得到了有效推进。

要想赢得员工的真心认同，管理者需要关心员工的个人发展需求，积极为他们提供支持和帮助。同时，建立一个良好的沟通机制，主动听取员工的观点和建议，以展现对员工的重视。

3. 沟通不等于说服

很多管理者容易将沟通和说服混为一谈，所以经常会出现员工口服心不服的情况，即员工在表面上与管理者达成一致，但内心并不真正认同。

沟通与说服，本质上是两种不同的交流方式。沟通的核心在于信息的传递和理解，目的是确保双方能够清晰地表达和接收信息，从而达成共识或理解对方的意图。而说服则更侧重于影响他人的观点和行为，使其接受自己的观点或采取某种行动。

一次有效的沟通并非在于说服对方，而是为了增进彼此之间的理解。所以，在与员工交流时，管理者应重视信息的传递与理解，而不仅仅是单向地下达指令，这样才能实现有效沟通。

优秀的管理者更懂得倾听

懂得倾听是管理者必备的素质之一，它不仅体现了管理者对员工的尊重，更是管理者获取信息、发现问题、优化决策的重要途径。

然而，很多管理者都不善于倾听。有些管理者习惯于单向地传达指令，还有些管理者只把倾听当作"听见"。不善于倾听的管理者往往容易陷入以自我为中心的思维定式，这不仅会破坏团队的沟通氛围，让员工产生抵触情绪，还可能因武断导致决策失误，使公司错失好的发展机会。

那么，管理者怎样做才能算是懂得倾听呢？

1. 了解倾听的三个层次

（1）听说话。这是倾听的最基本层次，有些管理者通常只能达到这一层次。在这个层次上，员工说话时，管理者并不是真正地在倾听，而是在思考自己下一句要说什么。由于管理者的心思更多地放在了自己即将说的话上，往往会错过员工表达的重要细节，从而无法真正地理解员工的观点和需求。

（2）听内容。在这个层次上，管理者不仅仅是听员工说话，还要理解员工表达的内容。这意味着管理者需要暂时放下自己的想法和判断，专注于员工的话语，试图从员工的角度去理解其观点，从而减少误解。

（3）听情感。最高层次的倾听是能感知员工的情感和情绪。在这个层次上，管理者能够敏锐地捕捉到员工从语气、表情和肢体语言中传达出的情感信息。这种深层次的倾听能够帮助管理者更好地知晓员工的真实感受，更加全面地了解对方的需求和动机，从而做出更恰当的回应。

2. 鼓励员工提意见、说真话

其实，很多管理者在做决策时，往往手中有权，却心中无底。因为他们在需要做出重大决策的时刻，通常会听到员工齐声赞同，鲜少有人提出反对意见；而一旦出了问题，他们又会发现，自己孤立无援，无人支持。

员工们出于各种原因，不愿意表达自己的真实想法。这就需要管理者在平时营造一个开放、包容的氛围，给员工畅所欲言的机会，鼓励员工提意见、说真话。如此你才能在关键时刻听到不同的声音，从而做出更为明智的决策。

此外，管理者可以通过定期召开团队会议、设立意见箱或开展匿名调查等方式，为员工提供表达意见的渠道。

3. 兼听则明，偏信则暗

有句老话说得好，兼听则明，偏信则暗。在现代社会，这句话依然具有指导作用。管理者如果能够广泛听取不同员工的意见，就能更好地了解团队的实际情况，从而做出更切合实际的决策，防止因认知局限而做出不当的选择。而对于有能力的员工来说，领导愿意听取他们的意见，他们就会更加积极地建言献策，甚至敢于纠正领导的错误。

然而，兼听并不意味着毫无选择地接受所有意见。管理者在听取意见的过程中，需要具备辨别信息优劣的能力，才能从众多的员工意见中筛选出有价值的信息。如果管理者只是片面地听信某一方面的言论，就容易陷入偏颇和误解之中，从而导致决策失误。

正面反馈，引爆团队热情

在管理中，反馈是一个必不可少的环节，它有助于员工了解自己的表现。反馈可以分为两大类：正面反馈和负面反馈。正面反馈是指对员工在工作中的优秀表现或取得的成就给予认可和表扬，负面反馈则是指出员工在工作中存在的问题和不足。

对员工进行正面反馈是一种非常有效的激励手段。管理者应当学会给予员工正面反馈，确保表扬既具体又真诚，能够真正传达对员工的认可和鼓励。通过这种方式，管理者可以更好地激发员工的潜力，提升团队的整体表现。

1. 正面反馈的三个层次

（1）零级反馈。零级反馈是指管理者在沟通中缺乏任何积极的回应。比如，面对员工的卓越贡献，管理者没有任何表现。

人类作为社会性动物，本能地渴望获得群体内的正面反馈，这种认可能够帮助人们建立起强烈的安全感和归属感。在工作中，员工未能获得预期的认可时，他们很容易感到不安，从而在群体中失去归属感。长此以往，员工可能会失去工作的积极性，甚至考虑离开公司寻找更重视自己的公司。

（2）一级反馈。一级反馈是指公开的、正面的口头表扬。比如，当员工表现出色时，管理者对员工说"你做得很好"，不仅能够增强员工的自信心，还能激发他们的工作热情，从而提高整个团队的工作效率。尤其对于新员工来说，这样的表扬有利于他们更快地融入团队。

（3）二级反馈。二级反馈是指管理者表扬员工，并告诉其具体的原因。比如，当管理者注意到某员工在某一项任务中表现出色时，不只会说"你做得很好"，还会说"你在这项任务中的某某做法让我印象深刻""你提出的某某方案，非常有创意"。这种做法不仅能让该员工感受到被认可和鼓励，还能让其他员工明确知道哪些行为是公司期望和赞赏的。

让员工知道自己做什么事能得到表扬，这是很多管理者容易忽视之处。因为不少管理者更多地将时间和精力花在指出员工的错误和不足上，导致员工在巨大的心理压力下变得畏首畏尾，不敢尝试和创新。即使员工鼓起勇气迈出一步，也会因为担心犯错受批评而犹豫不决，最终形成一种恶性循环。

2. 正面反馈的多种形式

管理者可以通过多种形式对员工进行正面反馈，如公开表扬、私下表扬或书面表扬等。无论采取哪种形式，关键在于表扬要具体、真诚，让员工感受到他们的努力得到了团队的认可。

公开表扬可以在团队会议上进行，让所有员工都能看到被表扬员工的成就，从而起到激励其他员工的作用。私下表扬则更为个性化，可以在一对一的交流中进行，让员工感受到被重视。书面表扬可以通过正式的表扬信、奖杯等具有纪念价值的形式传达，让员工可以珍藏这份荣誉。

此外，正面反馈还可以与奖励机制相结合，如奖金、晋升机会或其他福利。通过将表扬与利益挂钩，管理者可以进一步激发员工的积极性，让他们在未来的工作中更加努力，为团队做出更多的贡献，由此形成一个良性循环，推动整个团队的发展。

3. 正面反馈的对象

正面反馈不仅限于对个人的表扬，还可以是对团队整体表现的肯定。例如，当一个团队在项目中表现出色时，管理者可以组织一次庆祝活动，以表彰团队的努力和取得的成就。这种在团队层面上的正面反馈有助于增强团队的凝聚力，促进员工之间的合作和信任。

值得注意的是，正面反馈并非越多越好。过度的表扬可能会导致员工产生自满情绪，反而影响他们进步。

因此，管理者要掌握好正面反馈的分寸，既要让员工感到被认可，又要避免过度表扬带来的负面影响。

负面反馈，对事不对人

和正面反馈相比，管理者表达负面反馈需要更多的技巧，并且要格外谨慎。负面反馈容易引发员工的抵触心理，因此，管理者在提出负面反馈时，必须确保其目的是帮助员工成长和改进，而不是单纯地指责。

负面反馈的目的是激励员工改善不当行为。为了实现这一目的，管理者应该尽量避免对员工的行为进行主观定性，也不应审判员工的个人品质，以免引发员工的抵触心理。管理者应当阐述员工的具体行为表现，并客观、准确地指出这些行为导致的后果，确保负面反馈专注于行为本身，而非个人。

负面反馈虽然不讨喜，却是管理者必须掌握的技能。只有通过恰当的方式，才能确保负面反馈达到理想的效果，帮助员工不断进步和成长。

1. 负面反馈的四个关键点

（1）及时。管理者对员工进行负面反馈要及时，最好在刚发现问题的时候就反馈，不要拖延。例如：在项目执行的过程中，一旦发现员工在某个环节出现问题，就要及时提出负面反馈，并进行纠正。

（2）有序。管理者要优先对员工存在的最严重的、影响最大的问题进行负面反馈，之后再对影响相对较小的问题进行负面反馈。

在一个软件开发团队中，李总注意到员工小丁在项目中存在严重的代码问题，导致项目进度延误。并且小丁在沟通方面也存在一些问题，虽然暂时没有大的影响，但未来可能会对团队的氛围产生负面影响。

面对这些问题，李总决定首先针对小丁的代码问题进行负面反馈。他私下约谈了小丁，详细指出了代码中存在的问题，并鼓励小丁在接下来的工作中要细心和严谨。

在解决了代码问题后，李总接着关注小丁在沟通方面的问题。他通过观察了解到小丁在沟通上有些被动，不善于表达自己的观点。于是，李总在团队会议上鼓励小丁多参与讨论、多发言，同时也安排了一些需要团队协作的任务给小丁，以帮助他提升沟通能力。

通过分阶段、有重点地进行负面反馈，李总成功地帮助小丁改进了存在的问题。这不仅有助于小丁的成长，也及时避免了其给团队带来更大的负面影响。

（3）聚焦。管理者在对员工进行负面反馈时，要注意聚焦到具体问题上。比如，当管理者发现员工设计的页面风格有悖于客户需求时，要给出准确的修改意见，指导员工有针对性地进行改进。避免仅提供笼统或模糊的负面反馈，如"这不是客户想要的感觉"。

（4）私下。管理者在对员工进行负面反馈的时候，需要在适当的时机和环境中进行。选择一个私密的场所，避免在其他同事面前公开批评，可以减少员工的尴尬和防御心理。

在一次部门例会上，王总注意到员工小孙提交的报告中出现了许多错误，于是在会议上对小孙进行了严厉的批评。王总毫不留情地指出了报告中的每一个错误，并强调了这些错误所带来的负面影响。这让小孙感到非常尴尬，觉得自己在同事面前丢了面子。

会议结束后，小孙的情绪非常低落，他觉得自己受到了公开的羞辱，无法接受这样的批评。几天后，小孙决定不再忍受，于是提交了辞职信，离开了公司。

在公开场合严厉批评员工可能会带来负面后果，不仅影响员工的士气，还可能导致优秀人才的流失。管理者应该考虑更加人性化的方法。

此外，管理者应当在情绪平和的状态下对员工进行负面反馈，避免在愤怒或情绪激动时提出负面反馈，以免言辞过于激烈，影响员工的接受度。

2. "三明治"结构

管理者在表达负面反馈时，可以采用"三明治"结构，即在批评之前和之后分别给予正面反馈。

比如，管理者准备给予某位员工负面反馈之前，可以先进行正面反馈——"我知道你最近工作已经很努力了"；然后再指出员工存在的问题——"但是某某细节工作还可以做得更好"；最后告诉员工改进之后会取得的成就——"如果你能在某某细节上再多下点功夫，不仅你的个人能力会有提升，还能为公司创造更多机会"。

首先肯定员工的优点和已经取得的成果，然后提出需要改进的地方，最后再次强调员工的潜力和对其的期望。这种"三明治"结构的反馈方式有助于减轻员工的心理压力，使他们更容易接受批评并产生改进的动力。

第 **3** 章

高效决策：
做团队的问题终结者

做出好决策，选择大于努力

对于管理者来说，每做一个决定都可能改变团队的命运。有时候，即使付出了巨大的努力，但如果方向选择错了，结果也是不尽如人意的。所以说，明智的选择往往比盲目的努力更为关键。

小李和小张是大学同学，都怀揣着创业的梦想。小李毕业后选择先进入一家初创公司，从基层做起，积累经验和人脉。而小张则是在毕业后就自己创业，开了一家小公司。

起初，小张的公司发展迅速，吸引了大量投资，小李也羡慕不已。几年后，小张因致力于拉投资，导致公司缺乏核心竞争力，没有独特的技术和产品，在市场竞争中逐渐失去了优势。与此同时，小李在初创公司中积累了丰富的经验，结识了许多行业内的精英。凭借这些积累，小李创办了一家公司，他深知市场需求和行业趋势，因此在产品研发上投入了大量的时间和精力，迅速在市场中站稳了脚跟。

一个明智的选择可以事半功倍，一个错误的选择则可能事倍功半，甚至功亏一篑。选择的重要性在于它能够指引方向，努力则是在所选的方向上不断前行。努力固然重要，但也要与正确的选择相结合，才能发挥出预期效果。只有在正确的道路上坚持不懈地努力，最终才能取得成功。

四维量化决策法、集思广益决策法和客户导向决策法是适合管理者采用的三种常见的决策方法，可以帮助管理者在面对复杂问题时，做出更明智的决策。

1. 四维量化决策法

四维量化决策法是一种系统性的评估方法，将已经想到的策略按照效益性、可行性、困难度、成本四个维度进行量化打分，旨在对各种策略进行综合评价，从而帮助管理者选择最佳方案。

效益性指的是策略实施后能带来的正面效果和收益；可行性则涉及策略实施的难易程度和实际操作的便利性；困难度反映了策略实施过程中可能遇到的障碍和挑战；成本则涵盖了实施策略所需的各种资源投入，包括时间、金钱和人力等。

管理者可以创建一个表格，如图所示。将各个策略按照这四个维度进行详细评估，每个维度的评分范围设定在 1~10 分。其中效益性和可行性越高，相应的分数也越高；而困难度和成本越低，分数也越高。通过这种方式，每个策略都会得到一个总分，该总分是四个维度分数的综合结果。

四维量化决策法

维度 策略	效益性	可行性	困难度	成本	合计	排序
策略 1						
策略 2						
策略 3						
策略 4						
策略……						

在评估过程中，管理者要确保每个维度的评分尽可能客观。最终，通过比较各个策略的总分，选择得分最高的策略作为最佳决策。这种方法的优势在于其系统性和量化性，它能够将复杂的决策问题简化为可比较的数值，从而为管理者提供清晰的参考依据。

2. 集思广益决策法

集思广益决策法旨在让管理者通过激发员工的参与感和归属感，提高决策的质量和可执行性。通过汇聚多方的智慧和经验，可以有效避免个人偏见和局限性，使决策更加客观和科学。

此外，集思广益决策法还有助于营造一个开放、包容的团队氛围。在这种氛围中，员工可以自由地表达自己的观点和想法，相互学习、相互启发，从而增强团队的凝聚力，激发员工的积极性，使他们在工作中更加投入和高效。

在实际应用中，管理者可以通过定期召开团队会议、组织头脑风暴活动等方式，鼓励员工积极参与决策过程。

3. 客户导向决策法

如果管理者只站在团队自身的角度来做决策，执行的结果可能并不理想。管理者只有深入了解市场需求，密切关注社会动态，才能做出符合实际、切实可行的决策。

如果一家公司不了解客户需求，或明知客户需求却将其忽视，一味地强调自己的解决方案多么有创意、有个性，是无法让客户心甘情愿买单的。

一家新创的婚庆公司正忙着为一对新人策划婚礼，然而新娘却屡次提出不满。她先是指出婚纱尺寸不合适，随后又对婚礼会场的布置不满意，最后还嫌弃新郎的西服不够显气质。面对新娘接二连三提出的问题，策划团队感到心力交瘁。

在双方僵持不下的间隙，一名员工在洗手间不经意间听到新娘在电话里向朋友咨询："能不能推荐一家价格实惠的婚庆公司？我们预算不到十万，但这家婚庆公司的策划费用已经十多万了。"员工立即意识到了问题的症结所在。团队迅速调整策划方案，主打性价比，既保留了新娘最在乎的部分，如婚礼的浪漫氛围，同时削弱了一些不必要的奢华元素，降低了整体费用。新娘看到新方案后，露出了满意的笑容，欣然接受，婚礼的筹备工作顺利进行。

在上述婚庆公司的案例中，策划团队最初未能充分考虑客户的预算，一味追求奢华和高端，忽视了客户关心的经济因素。这导致了新娘的不满，差点让公司失去了一笔生意。幸运的是，员工偶然间发现了问题的根源，并及时调整了策划方案，最终赢得了客户的认可。

要想做出的决策能取得成功，就必须关注客户的需求。只有这样，才能在激烈的市场竞争中脱颖而出，赢得客户的青睐。

洞察底层逻辑，快速解决问题

所谓底层逻辑，是指事物发展的根本原因和内在规律。洞察底层逻辑就是要透过现象看本质，找到推动事物发展的关键因素。

在商业领域，底层逻辑可能是供需关系、市场竞争、技术创新等因素。一个成功的管理者，必须深入理解这些底层逻辑，才能在激烈的市场竞争中立于不败之地。管理者洞察底层逻辑的能力越强，其决策就越具有前瞻性。他们能够准确预测市场趋势，从而制订出更具针对性的战略计划。

虽然洞察底层逻辑的能力不是一蹴而就的，需要管理者进行长期的学习、实践才能真正拥有，但是，管理者可以借助一些容易掌握的、科学的方法来加速这一过程。

1. 利用思维模型，快速看清问题本质

利用思维模型，管理者可以将复杂的问题简化，从而更容易识别底层逻辑。例如，SWOT分析指的是通过系统地评估一个组织、项目或个人的优势（Strengths）、劣势（Weaknesses）、机会（Opportunities）和威胁（Threats）来进行全面分析的方法，它可以帮助管理者全面评估企业内外部环境，找出影响发展的关键因素。五力模型是产业分析框架，有助于管理者深入理解行业结构和竞争态势。二维四象限模型则通过将问题化为两个关键变量分别置于横轴和纵轴，再将平面划分为四个象限，让管理者更直观地看到不同类别之间的差异和联系。

通过这些思维模型，管理者可以更清晰地看到问题的本质，从而做出更明智的决策。

2. 学会分类思考，快速梳理问题脉络

作为管理者，应当具备分类思考的能力。根据不同的标准和维度，管理者可以对在工作中遇到的问题进行细致的划分，以便更有效地识别、分析和解决它们。

（1）按时间维度划分。管理者可以将问题分为已发生的问题、刚发现的问题以及未来可能会发生的问题。已发生的问题需要立即处理，以防止产生进一步的损失；刚发现的问题需要迅速分析原因

并提出解决方案；而未来可能会发生的问题则需要提前做好预防措施，以避免其发生。

（2）按照人与事的维度划分。管理者可以将问题分为有关人的问题和有关事的问题。有关人的问题通常涉及员工的绩效、团队合作、沟通等方面，而有关事的问题则涉及项目进度、资源分配、流程优化等方面。通过这种划分，管理者可以有针对性地解决问题。

（3）按内外部维度划分。管理者可以将问题分为团队内部的问题和团队外部的问题。团队内部的问题可能涉及员工关系、团队士气、内部沟通等方面，而团队外部的问题可能涉及市场竞争、客户关系、供应链管理等方面。了解内外部问题的不同特点，有助于管理者提出更有效的应对策略。

（4）按照解决问题的可能性划分。管理者可以将问题分为目前能解决的问题和目前不能解决的问题。对于目前能解决的问题，管理者需要迅速采取行动，确保问题得到妥善处理；而对于目前不能解决的问题，则需要分析原因，并在条件成熟时予以解决。

（5）按照问题的轻重缓急划分。管理者可以将问题分为重要且紧急的问题、重要不紧急的问题、紧急不重要的问题、既不重要也不紧急的问题。通过这种划分，管理者可以优先处理重要且紧急的问题，确保这些关键问题能够得到及时解决。重要不紧急的问题，管理者可以进行周密的计划和安排，确保这些问题即将得到妥善处理。紧急不重要的问题，管理者可以安排其他人处理，以避免这些问题影响整体的工作进度。既不重要也不紧急的问题，管理者可以选择暂时搁置，不必立即处理，从而集中精力解决更为关键的问题。

（6）按照管理性质划分。管理者可以将问题分为组织问题、产品质量问题、研发问题、人力资源问题、管理制度问题等。通过这种划分，管理者可以有针对性地分析产生问题的根源，提出有效的解决方案。

通过以上各种分类方法，管理者可以全面地审视问题，在面对复杂问题时保持清晰的思路，做出更科学、合理的决策，从而提高整个团队的工作效率。

系统思维看问题，掌控全局

任何事物都不是孤立存在的，而是处于一个庞大而复杂的系统之中，这些事物与其他事物之间存在着千丝万缕的联系。系统思维正是基于这种认识，强调从整体上理解和解决问题。

一个团队并非孤立存在的，它与市场、竞争对手、供应链、客户以及社会环境等众多因素紧密相连。系统思维能够帮助管理者全面分析这些因素之间的相互作用，从而做出更具前瞻性和适应性的决策。

1. 宏观微观分析法

宏观微观分析法，它要求管理者在分析问题时，既要关注宏观层面的整体趋势和外部环境，又要深入微观层面的具体细节和内部机制。通过观察宏观事物的变化，找到宏观问题对微观局部产生的影响和联系，进而找到局部可实施的方案。

从宏观层面来看，管理者需要关注整个行业的发展趋势、市场变化、政策法规以及社会经济环境等因素。通过分析这些宏观因素，管理者可以把握团队所处的大环境，预测未来可能发生的变化，并做出相应的战略规划。

从微观层面来看，管理者需要深入研究团队的内部运作，包括生产流程、员工管理、财务状况以及客户关系等。通过细致的微观分析，管理者可以发现团队内部存在的问题和改进空间。

宏观微观分析法的核心在于将宏观趋势与微观细节相结合，使管理者能够全面地看待问题，做出既符合市场需求又具备实施可行性的决策。

例如，在考虑推出新产品时，管理者需要分析宏观经济形势、行业发展趋势以及消费者需求的变化，从而判断市场是否具备接受新产品的条件。同时，管理者还需要深入研究团队内部的生产能力、研发能力和供应链管理，确保团队具备实现产品开发和市场推广的能力。

2. 三维思考法

三维思考法，它要求管理者在分析问题时，从时间维度、空间维度和价值维度进行综合考量。

时间维度关注的是行业发展的过去、现在和未来。管理者需要了解行业发展的历史脉络，分析当前所处的阶段，以及预测未来的发展趋势。通过时间维度的分析，管理者可以更好地把握企业发展的节奏，做出具有前瞻性的决策。

空间维度则关注团队所处的环境和位置，包括行业竞争格局、市场分布、供应链网络以及地理区域等。管理者需要分析团队在空间维度上的优势和劣势，从而做出适应不同市场和环境的决策。

价值维度强调的是团队创造价值的方式和目标。管理者需要明确团队的核心价值，分析不同利益相关者的需求，从而做出能够满足各方利益的决策。价值维度的分析有助于团队在追求经济效益的同时，兼顾社会责任和可持续发展。

三维思考法的核心在于将时间、空间和价值三个维度结合，使管理者能够多角度、多层次地审视问题，做出更为全面的决策。

例如，在考虑进入一个新的领域时，管理者需要分析该领域过去的发展历程、当前的竞争格局以及未来的发展潜力，即时间维度；了解该领域的地理分布、文化特点和法律法规，即空间维度；并明确团队在该领域中希望创造的价值和利益相关者的需求，即价值维度。

3. 结构化思维法

结构化思维法，它要求管理者在面对问题时，首先关注整体框架，然后在此基础上逐步拓展和细化各个细节，从而实现从总体到局部的全面鸟瞰。

结构化思维的核心在于有序性和逻辑性，它能够帮助管理者更加直观地理解和处理复杂问题。

金字塔结构图是结构化思维中经典的图示之一，它形象地展示了从总目标到具体行动的层级关系，如下图所示。

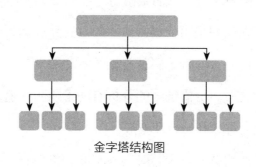

金字塔结构图

当管理者遇到问题时，可以通过以下两种方式去解决。

（1）自上而下找结构。从总目标开始，逐步细化到具体行动。这要求管理者首先明确总目标，然后根据总目标确定关键任务，最后将关键任务分解为可执行的具体行动步骤。通过这种方式，管理者可以确保每一个行动步骤都与总目标保持一致，从而提高工作效率。

（2）自下而上找结构。从具体问题或行动开始，逐步归纳和总结出关键任务和总目标。通过这种方式，管理者可以制订出更加切实可行的解决方案。

高效复盘，才能翻盘破局

复盘不仅是对过往的总结，更是对未来规划与布局的前瞻性思考。只有深入细致地分析每一个项目的成败得失，才能从中汲取宝贵的经验教训，调整策略，最终实现团队的突破和成功。

复盘不是一个简单的总结过程，而是一个系统性的分析和改进的过程。对于管理者而言，需要不断优化复盘的方法和技巧，以确保团队能够从中获得最大的收获。

1. "5WHY 分析法"

"5WHY 分析法"，又称"5 问法"。通过对一个问题连续追问5 次"为什么"，以追究其根本原因。这种分析方法是从结果出发，沿着因果关系的链条，不断追溯，直至找到问题的根源，才算真正解决问题，这样可以避免同样的错误在未来重演。

"5WHY分析法"最早由丰田佐吉提出，并在丰田汽车公司得到了广泛应用。丰田汽车公司前副社长大野耐一曾举过这样一个例子。

问题1：为什么机器停了？

答案1：因为机器超载，保险丝断了。

问题2：为什么会超载？

答案2：因为轴承的润滑不够。

问题3：为什么轴承的润滑不够？

答案3：因为润滑泵失灵了。

问题4：为什么润滑泵会失灵？

答案4：因为它的轮轴耗损了。

问题5：为什么润滑泵的轮轴会耗损？

答案5：因为杂质跑到里面去了。

通过连续5次不停地问"为什么"，追溯问题的根本原因，找到解决方法。最后，在润滑泵上加装滤网，从根本上解决了问题。

在使用这种方法时，虽然经常以问5个"为什么"作为参考，但实际上并不限定询问的次数，有时可能需要多于5次，有时也可能少于5次，关键在于持续深入地追问，直至彻底揭示问题的根本原因。

2. 鱼骨图法

鱼骨图法，又称"因果分析法"，通过将问题的潜在原因按照不同类别进行分类，形成一个类似鱼骨的图形，从而帮助团队更直观地理解问题的全貌。

在使用鱼骨图法时，首先需要确定问题的核心，即鱼头部分，然后从这个核心问题出发，向两边延伸出若干"鱼骨"，代表不同的原因类别。每个类别下再细分出具体的原因，形成一个完整的因果关系图，如图所示。

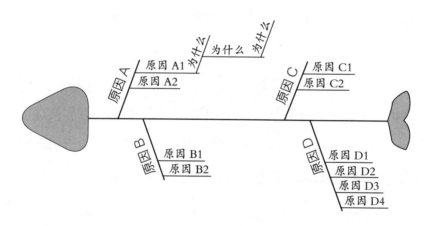

鱼骨图法示例

例如，在分析产品缺陷问题时，可以将"产品缺陷"作为鱼头，然后分别从人员操作不当、设备老化、原材料问题、工艺方法不完善、生产环境不达标以及检测手段不准确等方面进行分析。通过团队成员的头脑风暴，将所有可能的原因都列出来，然后逐一进行验证和排查，最终找到问题的根源。

鱼骨图法的优点在于其系统性和全面性，它能够帮助管理者从多个角度审视问题，避免遗漏重要原因。同时，通过图形化的展示，使得对问题的分析更加直观和易于理解，有助于团队成员之间的沟通和协作。

在使用鱼骨图法解决问题时，最好是团队多名成员参与，便于多视角看问题，并进行有效的头脑风暴。管理者把员工的意见和想法全部收集起来，并通过鱼骨图把它们展示出来，之后和员工进一步充分讨论，找出可能性最大的影响原因，并采取行动。

复盘的目的是改进和提升。管理者需要根据复盘的结果，制订具体的改进措施，并将其落实到实际工作中。改进措施应具有可操作性，明确责任人和完成时间。管理者还应定期跟进改进措施的执行情况，确保复盘成果能够真正转化为团队的行动力。

打破惯性，创新实现新增长

在团队中，"创新"这个词被频繁提及，几乎成为管理者的口头禅。然而，真正能够将创新融入团队文化的管理者寥寥无几。

创新的英文是 innovation，这个词源自拉丁语 innovare。它有三层含义：首先是更新，要求管理者顺应市场变化，不断更新技术，以保持竞争力；其次是创新、创造，通过不断创造新的产品、学习新的管理方法、思考新的市场路径，为团队谋求更好的发展；最后是改变，打破自己固有的思维模式，顺应时代发展，进而引领团队走向更广阔的未来。

创新思维是指跳出传统思维模式，以独特且灵活的方法解决问题的思维过程。一个优秀的管理者不仅需要自己具备创新思维，还要积极地鼓励和引导员工进行创新。只有当创新成为团队文化的一部分时，才能推动团队持续向前发展。

1. 常用的三种创新思维方法

（1）举一反三法。当管理者遇到问题时，通常会首先考虑那些已经被验证过的、传统的解决方案，紧接着可以进一步探究这些常规方案背后蕴含的基本原理和逻辑，在此基础上进行创新性思考，从而衍生出更多具有创新性的解决方案。

　　某位管理者想要解决品牌知名度低的问题。最初，他考虑增加电视广告的支出，希望通过传统方式来提升品牌的知名度。不过，这位管理者并不满足于仅仅采取这种常规手段。

　　他进一步思考，试图寻找更多创新的方法来提升品牌的知名度。基于此，管理者提出了两个具有创新性的方案。第一个方案是利用新媒体平台发布短视频来增加品牌的曝光度。新媒体平台拥有庞大的用户群体，通过发布短视频可以迅速吸引大量网友的注意力，从而有效地提升品牌的知名度。第二个方案是鼓励用户在新媒体平台分享他们使用产品的真实体验，通过口碑传播来增加品牌的曝光度。用户的真实体验往往比广告更具有说服力，因为潜在客户更容易相信来自其他消费者的推荐。

（2）逆向思维法。逆向思维法是一种打破常规的思考方式，它要求管理者从一个完全相反的角度来审视问题。通过这种思维方式，管理者可以摆脱传统思维的束缚，寻找新的解决方案。

使用逆向思维法，管理者可以遵循以下步骤：

首先，明确问题的核心和关键点；其次，从相反的角度出发，思考问题的对立面；再次，探索这种对立面可能带来的新思路和新方法；最后，将这些新思路和新方法与实际情况相结合，形成具有创新性的解决方案。

逆向思维法在实际应用中可以极大地提升管理者的创新能力和解决问题的效率。

（3）六顶思考帽法。六顶思考帽法是由爱德华·德·波诺提出的，旨在通过不同角度的思考，全面分析问题。管理者可以利用这个方法，从多个维度审视问题，避免单一视角的局限性。

六顶不同颜色的帽子代表不同的思考角度。

白帽：关注客观事实和数据，收集与问题相关的所有信息。

红帽：表达情感和直觉，允许员工表达对问题的个人感受。

黑帽：进行批判性思考，评估问题的潜在风险和负面影响。

黄帽：积极思考，寻找问题的潜在机会和优势。

绿帽：激发创意，鼓励员工提出创新性的解决方案。

蓝帽：控制思考过程，确保团队按照既定的步骤进行讨论。

通过六顶思考帽法，管理者可以全面、系统地分析问题，从而找到更全面、更有效的解决方案。

2. 管理者要引导员工创新

创新不是简单地依靠一个绝妙的点子，或者仅仅依赖于某个人的努力就能实现的。要想真正孕育出创新的成果，并且持续地支撑和推动创新的发展，依赖于坚实的基础管理工作。然而，这一关键环节却常常被一些管理者忽视。

创新不是一件容易的事情，它需要管理者在各个方面给予员工充分的支持和帮助，而不是仅仅停留在口头上的鼓励。

（1）建立创新机制。为了将创新真正融入团队文化，首先需要建立一套完善的创新机制。比如设立专门的创新基金，用于支持那些有潜力但尚未成熟的项目，确保创新在团队中得到充分的重视和支持。

（2）促进合作。创新往往发生在不同人的思维碰撞中。管理者应当鼓励员工之间交流合作，打破信息孤岛，促进知识和资源的共享。例如，定期举办头脑风暴会议、团队建设活动以及跨部门协作项目等，让来自不同背景的员工共同解决复杂问题，可以激发更多创新的火花。

（3）持续学习和培训。管理者应当投资员工的持续学习和培训，帮助他们掌握最新的行业知识和技术。比如定期举办研讨会和外部培训课程，让员工可以不断更新自己的知识库，提高创新能力。

（4）明确奖励激励机制。为了激发员工的创新热情，管理者应当推出相应的奖励激励措施。对成功实施创新项目的员工给予物质奖励和精神表彰，例如奖金、礼品、荣誉称号等，以彰显团队对创新成果的认可。

此外，还可以为积极创新的员工提供更多的发展机会和晋升空间，例如提供专业培训、学习交流的机会，以及在团队内部职位晋升时优先考虑创新贡献突出的员工。通过这些激励措施，让员工明白创新会得到实质性的回报，从而进一步激发他们的创新动力和工作热情。

（5）风险管理。创新并不意味着盲目冒险，一个成熟的管理者应当学会在创新与风险之间找到平衡。建立一套科学的风险评估和管理机制，对每一个创新项目进行可行性分析和风险评估，确保创新活动在可控范围内进行。

第4章

明确目标：提高团队执行力

明确团队的总目标

每一个团队都需要有明确的总目标，这样才能确保团队有明确的工作方向，员工有明确的工作动力和目标感。

正确的、积极的总目标能够带来正面的影响，推动团队向前发展。错误的、消极的总目标则带来负面影响，无法激发团队成员的积极性，甚至导致团队成员感到困惑和沮丧。

王总创立了一家小公司，致力于开发一款新型智能手环。员工包括两名工程师、一名设计师以及一名测试师。

由于市场竞争激烈，公司面临着时间紧迫和资源有限的挑战。王总与员工共同设立了一个总目标：在三个月内完成产品的初步开发，并在行业展会上展示原型机，以吸引潜在投资者和客户。

在设立总目标前，王总先向员工详细解释了目标的重要性和紧迫性，让他们明白这是关乎公司未来发展的关键。然后，他鼓励员工积极参与总目标的设立，提出自己的想法和建议。

在总目标确定后，王总将总目标分解为一系列具体的阶段性任务，并为每个任务设定了明确的时间节点和责任人。这确保了每位员工都清楚自己的职责和任务，并能够有针对性地开展工作。

在总目标的执行过程中，王总定期与员工进行沟通，及时解决他们在工作中遇到的问题。同时，他也密切关注员工的进展和表现，及时给予正面的反馈和认可，鼓励他们继续努力。

随着时间的推移，员工们逐渐进入了状态，他们开始自发优化代码、完善设计、提高测试覆盖率。他们之间相互协作、共享资源，共同朝着最终目标而努力。

最终，在预定的时间内，公司成功完成了产品的初步开发，并在行业展会上展示了原型机。产品受到了广泛关注，为公司吸引了多个潜在投资者与合作伙伴。

通过这个案例，我们可以看到，通过设定具体、明确且具挑战性的总目标，并鼓励员工积极参与和共同努力，可以有效地激发他们的内在动力，推动团队朝着总目标前进并取得成功。

作为管理者，有责任设立出具体的、可执行的、积极的团队总目标，并引导团队成员朝着共同的方向努力。

1. 远离常见的错误总目标

（1）过于理论化和主观性的总目标。管理者未经前期广泛的市场调查，一拍脑门就做了决定，这样的总目标脱离了客户需求，不仅会浪费大量资源，也会导致员工丧失信心。

（2）忽视团队实际能力设立的总目标。不考虑团队的资金状况、人力资源储备等，用小马拉大车，执行过程中必然会导致资源冲突，导致项目无法按时完成，出现项目失败的情况。

（3）僵硬死板的总目标。当外部的环境或政策发生改变时，管理者仍然坚持原定的总目标，越走越偏，这样项目很难取得成功。

（4）过于抽象和宏大的总目标。这种总目标表面上听起来很有吸引力，但往往缺乏可操作性，最终沦为纸上谈兵。

（5）朝令夕改的总目标。首先，频繁更改总目标会让员工感到迷茫，因为他们不得不频繁地调整自己的工作计划，从而做了很多无用功。其次，员工会因为总目标的不断变化而逐渐失去对待任务的严肃性和专注度，这种不确定性会削弱他们的积极性，导致工作效率下降。

（6）不断打补丁的烂尾总目标。不断在原本的总目标的基础上继续追加新任务，不仅会影响工作进度与计划，最终导致总目标变得面目全非，还会让员工在无休止的修改和调整中逐渐失去动力和信心，甚至开始怀疑最初设定总目标的意义。

2. 激发内在动力的总目标

如何让团队成员从被动执行转变为主动工作，是很多管理者一直在思考的问题。这两者之间的转变，往往需要一个明确且具体的总目标作为引导。

总目标是团队展开行动的指南针，它能为团队指明前进的方向，同时也激发了员工的内在动力。当员工清楚地了解了自己的工作内容后，他们便会主动地投入到工作中，不仅是为了完成任务，更是为了实现自我价值。

那么，什么样的总目标才能激发团队的内在动力呢？

（1）总目标应兼具挑战性和可实现性。有挑战性的总目标能够激发团队的斗志和激情，让员工感到自己的工作是有意义的、有价值的。同时，这些总目标也应该是团队通过努力可实现的，避免过于遥远或不切实际，以免让员工感到沮丧和失望。

（2）确保总目标是明确的、具体的。明确且具体的总目标能够为团队提供清晰的工作方向，员工在日常工作中能明确自己的任务和职责，从而提高工作效率和质量。

（3）总目标是可衡量的。员工需要清楚地知道他们要达到什么标准，这样才能确保他们的工作成果符合公司的要求。此外，可衡量的总目标还能帮助公司更好地评估员工的工作绩效，为公司的奖惩制度提供客观依据。

（4）将团队总目标与员工的个人发展相结合。员工都关心自己的个人成长和职业发展，因此，将团队总目标与其个人发展相结合，可以激发他们更强烈的内在动力。管理者可以帮助员工理解团队总目标与他们的职业发展是相联系的，以及通过实现总目标他们可以获得哪些个人成长和晋升机会。

目标拆解，制订执行计划

管理者在明确了团队的总目标之后，接下来就是对总目标进行拆解。通过科学、合理的拆解方法，团队可以将宏大的总目标转化为具体、可操作的行动步骤，从而提高工作效率，确保总目标的顺利实现。

所谓目标拆解，是指将总目标在纵向、横向或时序上进行拆分和细化。纵向拆解意味着将总目标拆解为不同层级的子目标，每个层级的子目标都有明确的责任人；横向拆解则是将总目标拆解为给每位员工的具体任务，确保每个任务都能得到充分的关注和执行；时序拆解则是将总目标拆解为不同阶段的具体目标，每个阶段都有明确的时间节点和完成标准。

目标拆解是实现总目标的基础。它不仅有助于员工明确自己的职责和任务，还能通过细化任务来提高监控和评估的效果，确保问题能够及时被发现和解决，从而避免在项目进展过程中出现大的偏差。

1. 目标拆解的灵活性与高效性

在小团队中，目标拆解的过程需要注重灵活性和高效性，以适应团队的特殊需求和动态变化。

（1）纵向拆解。总目标被拆解为不同层级的子目标后，管理者需要密切关注员工的进展，及时调整资源分配，以确保每个子目标都能顺利实现。

（2）横向拆解。由于小团队成员人数有限，每个人需要在多个任务之间进行切换和协调。因此，横向拆解的目标需要更加细化，确保每位成员都清楚自己在不同任务中的具体职责。这种横向拆解的方式，能够帮助小团队更好地应对多任务的工作环境，提高工作效率。

（3）时序拆解。总目标被拆解为不同阶段的具体目标后，每个阶段都需要有明确的时间节点和完成标准。管理者需要制订详细的时间计划，合理安排员工的工作，确保每位成员都能按时完成自己的任务。这种时序拆解的方式，能够帮助小团队在人力资源有限的情况下，更好地控制项目进度，确保每个阶段的具体目标都能按时完成。

与纵向拆解相比，横向拆解和时序拆解更适合小团队的工作模式和特点。管理者若能将纵向拆解、横向拆解和时序拆解有效结合，团队便能够更好地应对各种挑战，实现总目标。

2. 将小目标与实际相结合

如果说，总目标是理想化的，那么拆解出来的每个小目标就是要与实际相结合的，是可执行的。在拆解目标的过程中，团队需要充分考虑实际工作中的各种因素，如资源、时间、人员能力等，以确保拆解出来的每个小目标具有可实现性。

（1）资源评估。管理者对团队现有资源进行全面评估，包括人力、物力、财力等，以确保在拆解目标时能够合理分配资源，避免资源浪费或短缺。同时，资源评估也有助于团队发现潜在的资源瓶颈，提前做好应对措施。

（2）人员能力评估。管理者需要根据每位员工的能力和特长，合理分配任务，确保每位员工都能在自己擅长的领域发挥最大的作用。

（3）外部环境因素评估。管理者需要密切关注市场变化、政策法规等外部因素，以确保目标的顺利实现。管理者需要具备敏锐的市场洞察力和灵活的应变能力，以便在外部环境发生变化时，能够迅速做出调整。

着眼全局，把握关键

在明确团队总目标以及完成目标拆解工作后，管理者必须保持清醒的头脑，不要被琐碎的事务迷惑。管理者应当始终将精力集中在总目标上，确保团队始终朝着既定的方向前进。这意味着管理者需要具备全局观，能够在复杂多变的环境中把握住关键任务，确保每一个小目标的实现都能为总目标的达成做出贡献。

所谓全局观，指的是在处理任何事情时都要有长远的考虑，辩证地看待问题。全局观是优秀的管理者必须具备的能力，正如古人所言，"不谋全局者，不足谋一域"。有全局观的管理者能够超越狭隘的局部利益，站在更高的层面上思考问题，从而带领团队实现更宏大的总目标。

高菲是一家早教机构的老板,她在根据公司的发展方向设立团队总目标后,将总目标拆解成了一个个小目标并进行实践,最终在预期时间内实现了总目标。

2015年,早教机构迎来了飞速发展期,学校里的十几名老师和1000平方米的校区显然已经满足不了前来报名的学生人数需求了,成立分校成了必然选择。就这样,高菲也迎来了人生中的第一个团队总目标——5年内成立10家分校。之后,她又设定了5个阶段性小目标:每年成立不低于2家分校。

4年后,高菲早教机构的学生人数从2015年的500人增加至2019年的4000余人,团队在完成一个又一个小目标的基础上提前1年完成了成立10家分校的总目标。

高菲的早教机构之所以能提前完成总目标的规划,离不开高菲卓越的战略眼光以及团队对每个小目标的高效执行力,这两者共同为总目标的实现奠定了坚实基础。这一成就并非高菲一人之功,而是团队协同作战的结果。否则即便高菲个人能力出众,仅凭她一己之力也难以实现5年内成立10家分校的总目标。正是她背后的团队,与她并肩作战,有条不紊地按照计划逐步推进,共同推动了机构的快速发展。

一个优秀的团队管理者必须具备高瞻远瞩的能力,能够站在更高的位置审视全局,这样才能确保团队的未来发展充满希望和活力。全局观的培养可以从多个方面入手。

1. 时刻关注行业发展动态

作为团队的领路人，管理者的认知决定了整个团队的高度，如果你的思维跟不上时代的步伐，那么你带领的团队也很难与时俱进。

管理者一定要不断更新自己对行业的认知，了解行业发展趋势和市场变化，引领团队自我革新，确保团队在时代的洪流中稳步前行。

2. 发挥桥梁的作用

直接面对客户和员工的管理者，就像是团队与外界之间的桥梁，需要在两者之间进行有效的沟通和协调。如果管理者与客户或员工的沟通出现问题，就很容易导致信息传递不畅，从而产生信息差，影响团队的整体效率和执行力。

小团队管理者应当注重与客户保持联系，了解他们的最新需求和反馈。通过有效沟通，管理者可以及时优化团队的总目标，确保团队的工作方向与客户需求保持一致。然后，管理者需要将这些优化后的目标和信息传达给员工，确保每个人都明确自己的任务和责任。

3. 学会合理分配资源

关键任务是实现总体目标的核心，管理者必须具备敏锐的洞察力，识别出哪些任务是关键性的，以便集中资源和精力全力完成这些任务。

在小团队中，资源往往有限且宝贵，管理者应从团队的总目标出发，仔细评估各项任务的重要程度，合理安排人力、物力和财力。通过细致的规划和分配，确保关键任务可以得到充分的支持。

员工只会做你检查的，不会做你期望的

"公司里有 20% 的人在自觉工作，有 60% 的人需要靠监督完成工作，还有 20% 的人很难独立完成工作"，这并不是一句玩笑话，而是很多团队中真实存在的问题。

管理者在拆解目标，给员工安排好工作之后，如果只是等待结果，那么风险就会变得非常大。遇到尽职尽责的员工，就能等到一个好结果；而遇到需要监督才能完成工作的员工，就很难等到预期的结果；遇到难以独立完成工作的员工，就会迟迟等不到结果。

因此，管理者必须对员工的执行情况进行必要的检查，确保其按规范的流程和一定的标准执行，以免出现较大的目标偏差。管理者不能等到员工把事情搞砸了，才想起来过问，这时只能承担失败的结果。

为什么很多管理者虽然知道检查员工工作的重要性，却仍然难以做好这件事呢？

一方面是管理者的心态不对，不重视检查工作。对于小团队的管理者而言，检查工作不能流于形式，否则员工很可能会为了应付检查而做一些面子工程。另一方面是管理者并不知道如何有效地进行检查工作，缺乏必要的方法和技巧。

那么，管理者应该如何行之有效地做好检查员工工作这件事呢？

1. 听汇报，知道员工做到了什么程度

有的工作可以直接通过听员工汇报，了解工作进行到了什么程度。对于此类工作，管理者要懂得要求员工在固定的时间和工作节点，对自己进行汇报。

定期汇报工作的方法，实际上也是一种对员工的约束手段。因为员工清楚地知道，他们必须在特定的时间点向管理者汇报工作的进展情况，这种明确的期限会促使他们在规定的时间内努力完成任务，并确保任务的质量。

这样一来，员工的工作效率和责任感都会得到提升，同时管理者也能更好地掌握员工的工作进度和状态。

李总创办了一家广告公司，成功获得了为某集团大楼大厅设计标语的项目。然而，新入职的设计师小赵在完成设计构思

后，却陷入了困境。由于缺乏经验，他完全不清楚应该用何种材质来呈现这些标语。而李总忙于处理其他项目，所以直到该项目客户方的工作人员开始催促、询问工作进度，他才意识到要跟进此事。

在与小赵沟通时，李总惊讶地发现，小赵竟然还没有将设计方案落地，原因是他不知道如何选择材质，又因为担心这样会显得自己不专业而不敢向李总请教。由于这一疏忽，原本已经确定的项目最终告吹，给公司带来了不小的损失。

李总深刻反思了这次失败的教训，意识到作为管理者，他需要更加主动地了解员工的工作进展，而不是单纯地依赖于员工的自觉性。

2. 看现场，亲自观察和体验

作为管理者，只听员工汇报肯定是不够的，如果想了解真实情况，一定要亲自到工作现场看一看，以免被员工的汇报所误导。多在一线走动才能对员工的工作有深刻认识，发现那些可能被员工有意或无意隐瞒的问题，从而及时纠正和改进，确保工作的顺利进行。

杨总经营着一家小型香油厂，厂里生意始终不太好。自从担任厂长以来，他忙于外部应酬，几个星期才难得回厂一趟。

就算回去，也只是匆匆巡视一番，与员工之间几乎没有真正的交流，对厂子的内部事务并不了解。

一天，杨总接到一个老客户的电话，对方语气中带着明显的不满："杨总，你们最近的香油质量怎么越来越差？我这可是老客户了，你们可不能砸了自己的招牌啊！"杨总听后，心里一沉，他决定亲自到车间走一趟，好好了解一下情况。

这次突如其来的检查让他大吃一惊：他发现10名工人中竟然有3人旷工，而那些在岗工人在进入车间时，为了省事，竟然无视消毒流程。

杨总终于明白，正是由于自己的长期疏忽，导致工厂的管理混乱，从而引起产品质量下降。他意识到，自己不仅要努力拉客户，还应该深入车间，多与员工交流，确保生产流程的规范和产品质量达标。

3. 查资料，避免被表面的数据蒙蔽

在审查员工的工作记录、工作报表以及其他文字性内容时，我们必须将其与实际的工作进度、产生的效益以及其他相关指标进行对比和总结，如此才能够了解员工工作的真实情况，以免被表面的数据蒙蔽。

蒋总经营着一家新媒体公司，为了确保员工的工作效率和进度，他要求员工每天提交详细的工作报表。然而，一段时间过后，蒋总发现，尽管报表的内容越来越详尽，但公司的营收却未见明显增长。

蒋总深入调查后，通过各平台的后台数据发现，为了应对报表任务，员工们表现出不诚实的态度，甚至不惜伪造数据。

蒋总意识到，过于注重形式化的报表管理反而导致了员工对实际工作的忽视。他深刻反思后，决定调整管理方式，更加注重员工的工作质量和实际效果，而非仅仅追求报表的完整度。同时，他也加强了与员工的交流，了解他们的工作困难和需求，共同寻求提升工作效率和质量的方法。

4. 找人谈，了解团队成员的工作情况

通过和个别员工进行交谈，管理者能了解团队成员的工作情况，还能发现一些小问题。对于那些看似在敷衍管理者的员工，管理者尤其需要深入探究，以示警醒。

在最近的一次项目执行过程中，沈总发现项目进度似乎有些缓慢，但每次团队会议上，员工们总是报告一切正常。为了了解实际情况，沈总决定采取个别谈话的方式，与团队成员进

行深入沟通。

沈总选择了一向坦诚的小李进行交谈。他们聊起了项目进展和日常工作的点点滴滴，沈总不经意间发现了一些小李之前未曾提及的细节。比如，小李提到在数据整理环节遇到了一些技术难题，导致工作效率下降，但他觉得问题不大，所以没有特意汇报。

沈总意识到，这些看似不起眼的细节，可能就是导致项目进度缓慢的关键所在。于是，他进一步询问小李在遇到困难时是如何处理的，以及是否需要额外的支持。小李表示，由于担心给团队带来麻烦，他有时会选择自己默默解决，但有时确实需要一些指导和帮助。

通过这次的深入沟通，沈总不仅了解了小李的实际工作情况，还发现了团队中存在的一些问题。他意识到，作为管理者，不能仅凭他人的汇报来判断整个团队的工作状态，更需要通过深入的交流来洞悉细节，发现问题。

通过以上四个方法，管理者能从多个维度了解员工的实际工作情况，避免以偏概全，确保所获取的信息真实、准确、全面。

检查工作不仅能帮助管理者掌握员工的目标执行进度，还能揭示目标执行中存在的薄弱环节和员工面临的具体问题，从而指导他们改进工作。这确保了各项任务落实到位，最终取得理想的成果。

关心员工的个人发展目标

作为直接面对员工的小团队管理者来说，如果你能了解员工的职业规划，并且在此基础上精心地培养员工，那你就是一名合格的管理者。

只要团队确立了明确的总目标，员工当前的目标就都必须与团队的目标保持一致。这意味着每位员工都需要明确自己的工作方向，确保自己的努力能够为团队的总目标做出贡献。然而，如果员工的个人价值观与公司的发展方向和理念存在根本性的差异，他们将无法在工作中找到与自己价值观相符的满足感，也无法真正融入团队，不能为团队的目标做出贡献。那么无论你如何努力对其进行指导和培训，可能都无法取得预期的效果，白白浪费大量的时间和资源。

当员工个人发展目标与团队总目标高度契合时，更容易催生双赢的局面。要想做到团队总目标与员工个人发展目标紧密相连，管理者可以从以下几个方面着手。

1. 进行能力培训

团队应当持续地对员工进行各种形式的培训和教育。通过这些系统的培训活动，员工能够提升自己的专业技能，从而确保他们能够胜任自己的工作，在各自的岗位上有着出色的发挥。同时，员工在培训过程中也会逐渐接受团队的理念和文化，这种潜移默化的影响力将使他们更愿意为团队的目标和愿景而努力工作，并且更愿意服从团队的安排和指导。这样一来，员工的个人成长、职业发展与团队的总目标就能够更好地结合起来，形成一种良性循环。

2. 实行绩效管理

绩效管理是衔接员工个人发展目标与团队总目标的纽带，管理者可以制订相应的绩效考核指标，确保员工在达成个人目标的同时，也能为团队目标的实现做出贡献。绩效考核结果越优秀的员工，越能获得更好的发展机会和福利待遇。从而将员工的个人发展目标与公司的总目标紧密绑定在一起。

3. 同向发展

对于明智的员工来说，团队的长远发展远比眼前的短期利益更为重要。这些员工的个人发展目标不仅仅停留在满足当前的利益上，而是更多地关注团队未来的发展和进步。他们愿意在工作中不断学习和提升自己，以期在团队中发挥更大的作用。作为管理者，要善于发现这类员工，并给予他们充分的认可和支持，为他们提供更多的发展机会和成长空间。如此一来，员工的个人发展目标便可以与团队目标完美地结合在一起。

第**5**章

合作分工：做到既合理又合情

让合适的人做合适的事

管理者常用的工作分配方式是按照工作量来分配任务，看谁有空谁干；或者随机分配工作任务，看谁好说话就让谁干。久而久之，这些分配方式的弊端就会显现出来，你会发现员工的忙闲程度出现了极度的不平衡，引发了强烈的不公平感。

钢铁大王卡内基预先写好了自己的墓志铭："长眠于此地的人懂得在他的事业过程中起用比他更优秀的人。"想要成为优秀的管理者，首先要有识人用人的能力，将员工安排在恰当的位置上。

在一个管理精英培训班上，一位年轻的老总向培训班的老师大吐苦水："厂里新来了三名员工。一个整天嫌这嫌那，吹毛求疵；另一个杞人忧天，总是害怕工厂倒闭；第三个天天工作时间溜出去闲逛。三个人没有一个把工作放在心上的。"

培训班老师听完之后，想了想，说道："这三个人其实都能成为可用之材，只是你没有把工作分配好。从明天开始，你让喜欢吹毛求疵的员工负责工厂的质量管理；让担心工厂倒闭的员工负责厂里的安全管理；让喜欢整天在外面东游西逛的员工负责产品的宣传和推销。"

三个月后，那位年轻的老总给培训班老师打来电话，兴奋地说："他们果然都是非常优秀的员工，自从他们分到了新的工作任务，工作起来十分认真。现在我们的产品在本地已经非常畅销，工厂的利润也是直线上升。"

员工与任务的匹配要根据员工的实际情况进行安排，按照能力、意愿这两个维度可以将员工分为四类：高意愿高能力类员工、高意愿低能力类员工、高能力低意愿类员工和低能力低意愿类员工。通过这种分类方法，管理者可以更有效地进行员工与任务的匹配，确保每位员工都能在适合他的任务中发挥最大的潜力。

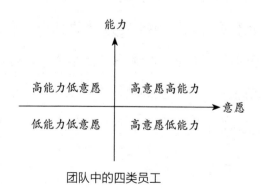

团队中的四类员工

1. 高意愿高能力类员工

高意愿高能力类员工通常是团队中的佼佼者，不仅具备出色的工作能力，还愿意主动承担挑战性任务，管理者可以放心地将有难度的重要工作交给他们去做，充分发挥他们的优势。但要注意以下几点：

首先，给员工匹配与其贡献相应的薪酬回报，或者更多的职业晋升机会。

其次，关注员工的工作饱和度，以免员工因为能者过劳而被工作压垮。

最后，关注工作任务的多样性，不能因为员工擅长某类工作而一直让他做类似工作，以免他产生倦怠感，最终因为在团队中没有成长而选择离开。

2. 高意愿低能力类员工

高意愿低能力类员工有较强的学习意愿和工作热情，但经验尚浅。公司应提供充分的培训和支持，帮助他们提升工作能力。管理者在分配任务时需要以他们能胜任的工作为主，再辅以一些有挑战性的工作锻炼他们，逐步提高他们的工作难度，并给予他们试错的机会。通过系统的培训和实践，他们有很大的潜力成长为优秀的员工。

3. 高能力低意愿类员工

高能力低意愿类员工通常能稳定达成工作目标，但是却不愿意提升自己。管理者希望他们可以承担更大责任或直接面对有挑战性的工作时，他们一般不会欣然接受，甚至会找借口推脱。

面对这类员工，管理者可以从以下两方面激发其工作动力：一是了解对方的工作动机，找到对应的激励方法或适合的工作任务，让员工愿意主动迎接挑战，提升工作动力；二是坦率沟通，让员工明白如果他只想停留在舒适区，不愿意承担更多责任，就不能获得更好的职业发展和工作回报。

4. 低能力低意愿类员工

对于低能力低意愿类员工，管理者应首先了解他们缺乏能力和意愿的原因。如果是因为缺乏培训或指导，团队可以提供相应的培训机会，帮助他们提升技能和工作热情。如果是因为工作内容不适合，可以考虑调整他们的岗位，使其更好地发挥自己的优势。对于那些无法改进的员工，管理者可能需要考虑其他解决方案，如调整岗位或终止聘用合同。

不管采用哪种方法，管理者都必须保持分配工作的公平性，不能纵容那些对任务挑肥拣瘦的员工，以免破坏团队氛围。

安排员工感兴趣的工作

许多管理者普遍存在一个问题，那就是他们认为安排工作只需将任务分配下去即可，忽视了员工对任务的接受程度。特别是当今，员工越来越年轻化，他们更注重工作与生活的平衡，追求个人成长和职业发展。因此，管理者在分配任务时，必须考虑到这些因素，以确保员工能够更好地接受并投入工作。

1. 忽略员工对任务的接受度

（1）员工可能会感到被忽视和不被尊重。因为他们没有参与到任务分配的过程中，也没有机会表达自己的想法。这种感觉可能会引发员工的不满和抵触情绪，进而影响他们的工作积极性和效率。

（2）由于员工对任务的接受程度不高，他们可能不乐于充分发挥自己的能力和潜力。这不仅会导致任务完成的质量和效率的下降，还可能造成人力资源的浪费。员工可能会感到自己的才能和努力没有得到应有的认可和回报，甚至产生辞职的念头。

（3）员工可能会被分配到他们并不擅长的任务中，而团队却没有提供相应的培训或支持。这不仅会影响任务的完成质量，还可能会导致员工感到沮丧和无助。长期下去，员工可能会对工作失去信心和兴趣，进而影响整个团队的工作效率。

2. 巧妙平衡人与事的关系

管理者在分配工作时，不仅需要合理地安排工作，还要合情地考虑员工的感受和需求，以确保工作任务与员工之间能良好匹配，实现团队和员工的双赢。

（1）为员工安排工作，内容尽量多样化。避免让员工局限于单调、重复的任务，以防止工作变得枯燥无味。同时，分配给员工的任务可以略高于他们当前的能力水平，鼓励他们利用自己的专长来完成，这不仅能促进员工的个人成长和职业发展，还能够提高团队的整体效率。

（2）纵向扩展工作，增强员工的自主性。管理者可以将一些任务的决策权下放给员工，在不影响整体工作进度和质量的前提下，让他们自主决定工作顺序、节奏快慢与起止时间，进而增强其责任感。

（3）尽量把一项完整的工作交由一位员工负责。管理者可以通过整合原本零散的工作内容，构建出完整、连贯且具有意义的工作任务，并将其交付给同一位员工负责。这有助于员工有"此项工作由我负责"的主导感。员工在完成任务的过程中，会更加投入和专注，因为他知道整个任务的成败与其息息相关。

在实际安排工作时，管理者必须巧妙平衡人与事的关系。管理者应摒弃以任务为中心的工作分配方法，而是转向更人性化的、以员工为主体的分配方法。这不仅可以激发员工的积极性和创造力，也有助于培养员工的忠诚度和归属感。

分工权、责、利相统一

很多初创公司的员工经常抱怨老板分工不明确，尤其是员工职责划分不清楚，导致大家在很多工作的处理上处于被动听指示的状态。老板吩咐一件事情自己就做一件事情。老板没有交代的事情，稍微有主动意识的员工可能会去做；而被动的员工却会趁着没有工作安排的时间喝茶、聊天、上网，消磨时光。

对此，员工们的理由很充分，自己不敢抢着做那些未做明确安排的工作，一来是担心其他同事觉得自己抢风头，二来是担心领导养成让能者多劳的习惯。

在小团队中，员工通常需要承担多项任务，这就要求管理者必须更注重分工的明确性。从分工到分权，再到分利，只有管理者明确划分，团队才能实现真正的合作，实现效率与效益兼备。

1. 明确责任

管理者需要确保每位员工都清楚自己的职责范围，避免任务的重叠或遗漏。可以制订详细的工作职责分配表，确保团队成员明白自己的工作内容和期望成果，在工作中有的放矢。

2. 合理分配权利

有些管理者喜欢让下属承担更多的责任，却没有先行调整其权利。那么，当责重权轻时，通常导致责任形同虚设，最后出现员工们抱怨不休、推诿扯皮的状态。

而当责轻权重时，容易导致权利过剩，出现员工滥用权利，做与岗位职责不相干的事情，随意发号瞎指挥。

管理者应根据员工的能力和职责范围，赋予他们相应的决策权和执行权，以确保责任与权利的平衡，并及时发现责任与权利不匹配的问题。

3. 平衡利益关系

管理者应建立公平的绩效评估体系，避免出现责重利寡现象，确保优秀员工得到相应的奖励。只有当员工的努力得到相应的回报时，他们才会持续保持高效的工作状态。利益不仅包括物质上的奖励，如薪酬、奖金等，还包括精神上的认可，如表彰、晋升机会等。公平的利益分配能够激发员工的工作积极性。

尽管在团队中每位员工的职责和任务被明确划分，但这并不意味着每位员工是孤立无援的。应把团队看成一个整体，而非分割状态。成员之间需要紧密协作，相互支持，才能确保整个团队的高效运作。分工不分家，才是小团队的理想状态。

赏罚分明，让员工痛并快乐着

管理者做到分工明确，并不意味着所有员工都会欣然接受并履行他们的职责。为了确保员工能高效地完成自己的任务，管理者还需要赏罚分明，借助奖惩制度来激励和监督员工，使他们能够在工作中保持高度的积极性和责任感。

赏罚分明的核心在于平衡员工的正面体验和负面体验，让他们既能在取得成就时感到快乐，也能在犯错时感到一定的痛苦，从而更好地理解并遵守团队规则，认真完成自己的任务。

1. 赏罚分明的好处

（1）通过明确的奖励，管理者可以认可并赞扬那些表现优秀的员工。这种正面反馈不仅可以增强员工的自信心和归属感，激发他们继续努力工作的决心，还可以激励其他员工向优秀同事学习，形成积极向上的团队氛围。

（2）适当的惩罚可以对那些违反团队规则或工作效率低下的员工起到警示作用。这种负面反馈有助于员工认识到自己的错误，并促使他们改正错误行为。通过惩罚机制，管理者可以维护纪律和秩序，确保工作能够按照既定的计划顺利进行。

（3）赏罚分明还可以促进团队内部的良性竞争。通过设定明确的目标和评价标准，员工可以清晰地了解到自己的表现是如何影响团队的整体业绩的，也会更积极地为团队做贡献。这种竞争氛围有助于激发员工的潜力和创造力，推动团队不断向前发展。

在一个小型电商公司中，有一个销售团队，主要负责公司产品的线上推广和销售。团队的经理张强坚信赏罚分明的管理方式对于团队发展至关重要。

在一次季度总结会议上，张强首先对过去三个月的销售业绩进行了详尽的分析，表彰了业绩优秀的三位销售人员，不仅颁发了丰厚的奖金，还在全公司大会上公开表扬，让大家看到他们的辛勤付出得到了应有的回报。同时，他也指出了一些存在的问题，如个别销售人员对待客户态度冷漠、跟进不及时等，并对出现这些行为的员工进行了严肃批评，扣除了相应的绩效奖金。

接下来的日子里，团队成员明显感受到了赏罚分明带来的影响。那些受到表彰的销售人员更加积极进取，他们不仅在销售业绩上继续保持领先，还主动分享自己的成功经验，带动整个团队提升销售水平。而那些受到批评的销售人员也意识到自己的不足，开始调整态度，加强与客户的沟通，提升服务质量。

与此同时，张强还设立了一系列激励机制，如月度销售冠军、最佳服务奖等，鼓励团队成员积极竞争，提升自我。这些奖励不仅包括物质奖励，如额外奖金、旅游机会等，还包括精神奖励，如公开表彰、晋升机会等。这些激励措施进一步激发了团队成员的积极性，使他们在竞争中相互学习，共同进步。

经过一段时间的实践，这个销售团队的业绩有了显著提升，客户满意度也大大提高。公司的高层对张强的管理方式给予了高度评价，认为他通过赏罚分明的方式，成功激发了团队成员的潜能，提升了团队的整体效能，为公司的发展做出了重要贡献。

当然，赏罚分明并不意味着一味地追求严厉或宽松。在实施这一策略时，管理者需要根据具体情况灵活调整奖励与惩罚的力度和方式。过度的惩罚可能导致员工产生逆反心理，而过于频繁的奖励则可能会失去激励作用。因此，管理者需要在维护团队纪律的同时，关注员工的个人需求和感受，确保赏罚措施既公正又合理。

2. 赏罚分明有技巧

（1）明确规章制度。建立清晰的团队规章制度，明确团队成员的权利和义务，以及工作表现的评价标准和奖惩机制。规章制度应该公平公正，让团队成员清楚地知道自己的行为会带来什么样的后果。

（2）公开透明。在制定奖惩制度时和执行过程中都要保持公开透明，让团队成员了解奖惩的依据和原因。管理者还应向团队成员解释奖惩的目的和意义，确保奖惩制度的公平性和合理性。

（3）一视同仁。对待团队成员应该一视同仁，不偏袒任何一方。奖励和惩罚应该基于客观事实和公平原则进行，不受个人情感和偏见的影响。每个团队成员都应该有相同的机会和权利，享受公平公正的待遇。

（4）及时有效。及时给予奖励和惩罚，不拖延。对于表现优秀的员工及时给予奖励和认可，激励他们继续努力；对于出现不良行为的员工及时给予惩罚和纠正，促使其改正错误。及时有效的奖惩可以更好地引导团队成员做出正确的行为。

（5）灵活性。在奖惩的执行过程中要保持灵活性，根据具体情况和实际表现进行判断和处理。不同情况下可能需要采取不同的奖惩措施，但都应该符合公平和正义的原则。

（6）奖惩制度与团队文化相契合。健康、积极的团队文化能够引导团队成员树立正确的价值观和行为准则，从而更容易接受和执行奖惩制度。因此，管理者在建立奖惩制度时，应充分考虑团队文化的特点，确保两者相辅相成、相互促进。

（7）持续改进。赏罚分明的实践是一个持续改进的过程。随着团队的发展和环境的变化，奖惩制度也需要不断进行调整和优化。管理者应保持敏锐的洞察力，及时发现和解决奖惩制度中存在的问题和不足，确保其始终能够发挥最大的效用。

谁都用得上，谁都能离开

有的管理者习惯将工作全部推给某位骨干员工，自己便不理不问了，还自鸣得意，向别人炫耀："某某员工能力很强，全部交给他做，我放心！"这句话可以这样理解：没有这位骨干员工，这个团队就无法正常运转，团队离不开他。

如果出现这种情况，很明显是管理者失职，制造了明显的管理软肋——受制于人。将整个团队的命运寄托在某位员工身上，风险太大，而且进行管理时会面临以下尴尬局面：这位员工犯错该如何处理？动不动就要求涨工资该如何处理？突然离职该如何处理？

最理想的团队状态应该是每位成员都能发挥其所长，为集体创造价值，但当某位成员离开时，团队仍然能保持稳健运行，实现谁都用得上、谁都能离开的灵活与稳定并存的局面。

1. 充分发掘每位员工的价值

每位员工都渴望自己的工作结果得到管理者的认可。当一个人在团队中有着举足轻重的地位时，他便能感受到自己的价值。

在小团队中，由于管理层级较少，管理者在没有太多实质性官职可以分配给员工的情况下，可以在团队内部设立一些暂时的头衔，比如某某项目的文案负责人、设计负责人、推广负责人等，让员工感觉自己大小是个"官"。

某科技公司成功承接了一家药企的应用程序开发项目，并迅速组建了一个高效精干的五人团队。在这个团队中，A 担任项目的流程负责人，全面统筹项目进度和质量；B 作为设计负责人，负责小程序的界面风格；C 作为文案负责人，精心撰写小程序内的各类文案内容；D 作为开发负责人，负责编写和测试程序代码；E 作为运维负责人，确保小程序上线后的稳定运行和用户体验。

客户对应用程序的开发进度有着明确的期望，希望能在一个月内完成 1.0 版本的交付。面对客户这一紧迫的时间要求，团队成员展现出了极高的专业素养和责任心。他们各司其职，加班加点地投入到各自的工作中，确保每个环节都能按时高效地完成。同时，团队的讨论会也开展得如火如荼，大家集思广益，共同解决开发过程中遇到的各种问题。

在这个项目的推进过程中，员工们充分发挥了各自的专业特长，形成了良好的协作氛围。他们不仅按时达到了客户的要求，还通过不断的优化和改进，提升了小程序的整体质量和用户体验。

这一成功案例不仅展示了该团队强大的技术实力和项目管理能力，也为公司在行业内树立了良好的口碑。

2. 培养员工解决问题的能力

培养团队中每位员工独立解决问题的能力，而不是一味地将所有问题集中让某个人去解决，减少对某位骨干员工的依赖。要养成群策群力的习惯，以提升团队成员整体的工作能力和解决问题的水平。

鼓励员工之间的知识共享，可以通过建立内部知识库、组织经验分享会等方式，方便员工互相交流和学习。这样，他们不仅精通某一专业领域，还能在其他相关领域中有所涉猎和了解。即使某位骨干员工离职，其他员工也能迅速补位，确保工作的连续性。

3. 允许员工在成长中犯错

员工可以在管理者的放权中得到锻炼，管理者一味地害怕员工犯错反而会制约员工的成长。在管理上苛求会导致员工不思进取、安于现状。因此，管理者要懂得放权，从而促使员工成长，让他们都能够独立承担重任。

　　当然了，放权和允许员工犯错都要控制在一定范围内。若员工有失控的迹象，要随时收得回权利，而对于屡次犯错的员工则要坚决清除。

第**6**章

人才聘用：
为员工创造长期价值

面试不能靠眼缘，要客观分析

有的面试官在面试时凭直觉，靠眼缘，而不是通过客观分析进行科学招聘。直觉、眼缘都是非常主观的因素，仅依赖第一印象或个人喜好进行选拔，容易放大面试官的主观偏好和刻板印象，忽视候选人的实际能力与岗位需求的匹配度，加大了歧视、偏见的可能性。这样一来，就有可能错过那些虽不符合面试官个人喜好但实际能力出众的候选人，导致优秀人才流失，损害了团队的整体实力和竞争力。

在一个快速发展的小型创业团队中，创始人马强是个极具个人魅力且眼光独到的领导。他认为，人才选拔最重要的就是直觉和眼缘，他相信只要一眼就能看出谁是最合适的人选。因此，在团队招聘的过程中，他常常依赖于第一印象，对那些给他留下好印象的应聘者格外青睐。

有一天，团队急需一名项目经理加入，应聘者中有两位较为突出：一位是有着丰富项目管理经验和优秀业绩的面试者A，另一位是初次踏入职场、笑容阳光、言谈举止给人好感的面试者B。尽管前者的履历无可挑剔，但马强在面试过程中还是被后者的亲和力深深吸引，认为他有更强的团队凝聚力。

马强不顾团队其他成员的建议，最终选择了面试者B担任项目经理。然而，B虽然性格讨喜，但在实际工作中却因为缺乏项目管理经验，导致项目延期、预算超支，团队士气也受到影响。原本有望带动团队快速成长的项目，反而成为一项沉重的负担。

招聘员工是一项极其复杂且至关重要的任务。在这个过程中，面试官需要深入考量众多因素，才能尽量确保所选拔的人才能够很好地融入团队。面试者期望的薪资、团队氛围以及对未来职业发展的规划，这些都是在招聘过程中必须仔细权衡的要素。当然，仅仅考虑这些还远远不够，员工与职位、团队以及管理者之间的匹配程度同样至关重要。

如果仅凭眼缘来招聘员工，或许能够在某种程度上匹配到管理者的一些期望和要求，比如外貌、气质或者性格。但这种匹配往往只是表面的，很难保证员工在实际工作中的表现能够符合团队的期望。更多的情况下，会因为缺乏深入的客观分析而导致后续不匹配的情况出现。

不匹配表现在多个方面。员工可能拥有出色的技能，但与职位的要求并不完全契合，导致工作效率低下或者难以发挥自己的优势。员工的价值观与团队文化可能存在差异，使得沟通协作变得困难，甚至引发内部冲突。员工的职业发展规划与团队的战略目标不一致，也会导致员工缺乏积极性和归属感，影响团队的整体氛围。

在面试过程中，需要具体分析哪些因素呢？下面为管理者提供一些参考。管理者可以根据团队的实际情况作取舍，以便更好地扮演面试官的角色。

1. 技能与经验匹配度

面试时，应仔细评估候选人是否具备相关的岗位技能和项目经验，以及他们是如何应用这些技能和经验来解决问题的。通过具体的案例分析和问题解答，面试官可以更好地了解候选人的实际能力。

2. 文化与价值观契合度

小团队通常有着独特的文化和价值观，这些文化和价值观是团队凝聚力和协作精神的基础。管理者可以通过询问候选人对团队文化和价值观的理解，以及他们过去在工作中如何处理与团队文化、价值观的冲突来评估他们是否能融入团队。

3. 沟通与协作能力

面试时，管理者应评估候选人的沟通能力，包括他们是否能够清晰、准确地表达自己的想法，以及他们是否具备良好的倾听和理解能力。同时，也要考察候选人的协作能力，看他们是否能够与他人合作，共同解决问题。

4. 适应与学习能力

小团队通常面临着快速变化的市场环境和业务需求，因此，候选人需要具备较高的适应能力和学习能力。面试时，管理者可以通过询问候选人在过去的工作中如何适应变化，以及他们如何不断提升自己的知识和技能来评估这些能力。

5. 潜力和发展空间

除了考虑候选人的当前能力外，面试官还应关注他们的潜力和发展空间。这可以通过询问候选人的职业规划和发展目标，以及他们对自己的期待来了解。同时，也要考虑团队是否能够提供足够的支持和机会，帮助候选人实现他们的职业发展目标。

不同员工的个性化培养计划

新加入公司的员工，一般都很在意公司会不会花资源来培养自己，以及培养的方向是否符合个人的职业规划。作为管理者，我们需要针对每位员工的特点，制订个性化的培养计划，向员工传达出"团队重视你的成长，愿意为你提供最适合你的发展机会"的信号，从而增强新员工的满意度和稳定性，降低人才流失率。

当新员工感受到管理者对其个人发展的关心和投入时，他们会增强自己的团队归属感，提高自己的团队忠诚度。

在为员工制订个性化培养计划时，管理者要注重不同员工之间的差异。

1. 职业发展需求

员工的职业发展需求各不相同，有的希望提升专业技能，有的寻求管理能力的提升，还有的希望拓展跨领域知识。管理者可以根据员工各自的发展需求，为其提供适当的机会，提升其职业满意度，让他们为团队创造更大的价值。

2. 性格差异

一个人的性格是影响其行为模式、沟通方式、决策风格、应对压力能力等方面表现的关键因素。有的员工内向沉稳，善于独立思考，适合承担需要深度专注和细致分析的任务；有的员工外向开朗，擅长交际协调，更适合从事需要广泛沟通、建立人脉和推动合作的工作。

管理者在培养不同性格类型的员工时，应尊重其性格特质，尽量提供与其性格相匹配的工作任务。对于内向型员工，管理者可以安排一些需要独立思考和专注的工作，让他们在较少的社交压力下发挥优势。而对于外向型员工，则可以安排他们参与团队协作项目，利用其人际交往能力推动跨部门合作。

此外，管理者还应注重循序渐进培养员工的跨性格特质，帮助他们在不同情境下更好地适应和发挥。例如，内向型员工可以通过培训和实践提高其沟通和团队协作能力，而外向型员工则可以通过学习和锻炼提高其专注和分析能力。

3. 潜力挖掘

每位员工身上都蕴含着潜力，管理者需要慧眼识珠，通过观察、评估和引导，帮助员工发现并发挥这些潜力。对于潜力较大的员工，管理者应为其提供更多的挑战性任务、参与重要项目的机会以及专业培训资源，以加速其成长。对于潜力有待发掘的员工，管理者应给予更多关注和支持，提供针对性的辅导和培训，帮助他们扬长避短，提升能力。

4. 基础差异

员工的知识、技能基础也是影响培养计划的重要因素。有的员工具备丰富的行业经验、深厚的专业知识，只需稍加引导即可迅速适应新角色，承担重任；而有的员工初入职场，还需要更多的时间和资源来进行系统化的学习和实践。

管理者在培养不同基础的员工时，应根据他们的实际能力，制订个性化的培养计划，提供必要的学习资源和支持。对于经验丰富的员工，可以安排他们参与高级培训、行业研讨会等活动，进一步提升其专业素养；对新员工，则应重点进行基础知识和技能的培训，通过实习、轮岗等方式，让他们在实践中学习和成长。

5. 薪酬福利

管理者在制订个性化培养计划时，应将薪酬福利与员工的绩效和成长挂钩。对于表现优秀、成长迅速的员工，管理者可以提供相应的奖励和晋升机会，以激发他们的工作热情和进取心。同时，对于那些在培养计划中取得显著进步的员工，管理者可以给予一定的薪酬福利调整，以体现对其努力的认可和鼓励。

员工培训是试用期的关键

对于小团队来说，员工培训的重要性不言而喻。以销售为例，不同销售团队所处的行业、面对的客户群体以及销售的产品都千差万别。话术、销售技巧以及产品特点的差异使得每个团队都需要独特的沟通策略来与客户有效地交流。

如果有一位新员工加入销售团队，而团队没有为他提供必要的培训，那么他可能会依赖在上一家公司积累的经验和沟通话术来与客户沟通。然而，过往的经验和话术很可能并不适用于当前情况。因此，新员工可能会遇到沟通障碍，出现难以准确理解客户需求等问题，甚至可能传递错误的产品信息，导致销售失败和客户流失。

相反，如果团队能够给予新员工充分的培训，帮助他们了解行业知识、熟悉产品特点、掌握有效的销售技巧和话术，那么新员工就能够快速地掌握团队的工作流程，提高工作效率，并更好地与客户交流。这样的培训不仅能够提升新员工的自信心和工作满足感，还能够增强他们对团队的认同感和归属感，从而让他们更愿意长期留在团队中。

所以说，在试用期间，为新员工提供一个全面且系统的培训计划就显得尤为重要。管理者可以参考以下几个关键点，再结合自己团队的实际情况和需求，制订出一套切实可行的培训方案。

1. 岗位分析与培训需求

在制订新员工培训方案时，岗位分析与培训需求是至关重要的第一步，这是确保新员工能够在短期内迅速提升工作能力，顺利过渡到新角色的关键步骤。

这个阶段要求管理者全面分析新员工即将从事的岗位，不是仅停留在书面的岗位职责描述，而是要深入探究该岗位所需的各项技能、专业知识和必备素质，在实际工作中可能面临的各种挑战及应对办法。

首先是产品知识。对于销售、客服、技术支持等岗位，员工需要对公司的主打产品或服务有深入的理解，包括产品特性、优势、应用场景等内容，这样新员工在与客户交流或处理问题时，才能准确传递产品价值，提供优质服务，提升业绩。

其次是工作流程。每一个工作岗位都有其特定的工作流程和操作规范，比如项目管理的各个阶段、财务报销的审批流程、客户关系管理的步骤等。通过详细的流程培训，新员工可以迅速掌握各个环节的执行要点，减少工作失误，提高工作效率。

再次是明确岗位的核心职责。管理者需要清晰地传达岗位的主要工作目标和期望成果，让新员工明白哪些工作是优先级较高的，哪些任务是需要特别关注的。例如，如果新员工是一名销售代表，那么在对其进行培训时，必须明确告知其需达成的销售目标、客户维护以及市场拓展等具体职责。

最后，行业背景和专业知识的普及也是至关重要的。让新员工了解所在行业的最新动态、发展趋势、法律法规、行业规范等，可以帮助他们站在更高的角度理解自己的工作，从而更好地适应岗位需求。

2. 迎新与团队文化导入

这部分培训旨在通过一套全面、有序且生动有趣的欢迎流程，帮助新员工快速熟悉并接纳团队的文化氛围，从而更好地融入团队，提升工作效率和团队凝聚力。

从第一天的入职手续办理、办公设施介绍，到后续几天或几周的各类活动安排，管理者都要精心规划。流程应包括正式的入职仪式，让新人感受到公司的重视和尊重，同时通过简短且生动的公司历史介绍，让新人了解公司的起源、发展历程和重大里程碑事件，从而加深他们对公司底蕴的认知。

3. 案例分析与实战演练

案例分析是一种非常有效的培训方法，它通过对行业内或团队内的成功案例和失败案例进行深入剖析，可以让新员工从中汲取经验和教训，帮助新员工更好地理解实际工作中的各种情况，快速提升他们的工作能力和综合素质。

实战演练则是一种通过模拟真实工作场景来训练员工的方法，它包括模拟销售谈判、客户服务应对等，提前预演可能遇到的各种问题，帮助新员工更好地理解工作流程和要求，提升自己的决策能力和应对能力，增强自信心。

打造优势互补型团队

所谓优势互补型团队，就是指由一群具备不同专业技能、知识背景、性格特点、经验水平等的员工组成的团队，员工之间的能力与特质能够相互补充、相互融合，形成一种整体效能大于个体简单叠加的团队结构。

这样的团队设计，为的是最大化利用团队成员间的差异性。通过协同工作，克服个体局限，共同应对复杂任务或挑战，实现团队业绩的最大化。

1. 优势互补型团队的价值

（1）多样性。团队成员具备多种专业技能、知识和思维方式，这种多样性能够覆盖项目或任务的各个关键环节，确保团队在面对不同问题时都有相应的专业人士或资源可供调用。例如，一个产品研发团队可能包含设计师、工程师、市场营销专家、数据分析员等角色，他们各自的专业能力形成互补，共同推动产品从概念形成到市场发售的全过程。

（2）协同效应。团队成员能够意识到并认可彼此的优势，懂得如何有效协作，共同解决问题。他们懂得在合适的时候扮演领导者、协作者、顾问等不同角色，以最高效的方式整合资源、分配任务、协调行动，使得团队整体的工作效率高于单个成员独立工作的总和。

（3）创新与适应性。优势互补型的团队更容易产生新颖的观点、独特的解决方案，因为不同的思维碰撞和跨界交流能够激发团队成员的创新思维。此外，面对快速变化的市场环境或技术迭代的趋势，优势互补型团队由于具备多角度观察和处理问题的能力，能够更迅速地适应变化。

（4）知识与技能分享。团队内部的知识和技能可以通过相互学习、辅导、培训等方式得到传播和提升，使得整个团队的知识储备增加，技能水平持续提高。这种内部的知识流动有助于提升团队的整体竞争力，也为团队未来的项目执行和人才储备打下基础。

　　一个创意工作室由四个性格迥异、优势互补的成员组成：李明，富有创意的策划师；张婷，细心周到的执行者；王刚，技术精湛的设计师；还有赵晓，善于沟通和协调的项目经理。

有一天，工作室接到了一个重要的项目——为一家科技公司设计一场别出心裁的产品发布会。这个项目对团队来说既是一个挑战，也是一个展示实力的机会。

李明首先提出了一个大胆而富有创意的策划方案，他巧妙地结合了科技公司的品牌特色和市场趋势，设计了一场以"未来科技，触手可及"为主题的发布会。

王刚发挥了他的技术优势，他利用最新的虚拟现实技术，设计了一套令人惊艳的展示方案——观众可以戴上VR眼镜，身临其境地体验产品的魅力。

张婷仔细研究了方案，并制订了详细的执行计划，联系劳务公司以招募临时工作人员，来搭建展示台。

赵晓则发挥了她的沟通和协调能力。她不仅与科技公司的高层保持密切沟通，确保他们的需求得到满足，还协调团队成员之间的合作，确保项目能够按时交付。

最终，这场产品发布会取得了成功，科技公司的领导对该团队赞不绝口。

正是该团队成员之间的优势互补和协同合作，才使得这次发布会如此出色。想要打造这样一个优势互补型团队，管理者可以借鉴以下要素。

2. 如何打造优势互补型团队

（1）明确团队目标与角色需求。管理者应明确团队的总目标、任务和预期成果，并且清楚实现这些目标所需的岗位、技能和知识。这有助于确定在招聘团队成员时应重点关注的能力，以及未来新员工需要提升或补充的技能。

（2）多元化招聘。在组建团队时，管理者应积极寻求具有不同专业背景、思维方式、经验水平和性格特质的候选人。这可能涉及跨部门、跨行业、跨地域的招聘，以及对新员工进行跨岗位、跨项目的轮岗。选拔过程中，管理者不仅要考察候选人的专业能力，还要评估其团队合作精神、沟通能力、学习意愿等软实力。

（3）促进知识与技能共享。团队组建后，管理者要鼓励团队成员分享各自的专业知识、经验教训和实践经历，可通过定期举办内部讲座、案例研讨等形式，搭建知识交流平台。同时，建立导师制度或同伴辅导机制，让具备互补技能的成员相互学习，促进团队内部的知识与技能融合。

（4）灵活调整团队结构与分工。随着任务变化、市场动态或团队成员的成长，管理者应适时调整团队的结构与分工，确保成员的优势得到充分利用，同时弥补可能出现的能力缺口。这可能涉及重新定义岗位职责、调整工作流程、引入外部专家顾问等措施。

（5）营造包容的团队氛围。在优势互补型团队中，包容性体现为对成员多样性的接纳与赞赏。团队成员通常来自五湖四海，拥有不同的文化背景、价值观念和思维方式等，为团队带来了丰富的视角和创新的灵感。

然而，正是这种多元性，也使得成员间的分歧在所难免。当团队成员就某一问题持有不同见解时，若能保持包容、开放的心态，尊重彼此的差异，倾听并理解对方的观点，那么这些分歧不仅不会成为阻碍，反而会转化为推动团队向前的动力。

成为教练型领导，为员工成长赋能

成为教练型领导，意味着管理者不仅仅是领导团队的人，更是一位指导者，致力于为员工赋能，帮助他们成长和发展。只有员工的能力得到提升，团队的整体实力才能得到增强，从而实现更高的工作效率和更好的业绩。

在一个充满活力的小团队里，领导黄铭就是一名教练型领导，他注重员工的成长和发展，善于为团队成员赋能，帮助他们挖掘潜力，实现自我价值。

张志是新来的年轻员工，他刚加入团队时，对许多工作内容都感到陌生。黄铭察觉到了张志的困惑，主动走近他，耐心倾听他的想法和疑虑。黄铭鼓励张志不要害怕失败，要敢于尝试新事物，并为他提供了必要的支持和资源。

黄铭不仅关心张志的工作进展，还关注他的个人成长。黄铭定期与张志进行一对一的沟通，了解他的职业规划和目标，并为他提供了一些学习和发展的建议。在黄铭的引导下，张志逐渐找到了自己的方向，开始主动学习和提升自己的技能。

随着时间的推移，张志在团队中的表现越来越出色。他能够独立完成一些复杂的任务，并在团队会议中提出了许多有创意的想法。黄铭看到了张志的成长和进步，及时给予了他肯定和鼓励，同时也为他提供了更多的机会。

在黄铭的赋能下，张志成为团队中的核心成员，其他团队成员也纷纷向黄铭请教，积极寻求成长和进步。小团队在黄铭的带领下，逐渐发展成为一个高效、协作、上进的优秀团队。

一个教练型领导能够拓宽团队成员的思维，帮助员工看清现状，辨清方向，避免走弯路。他们不仅关注员工任务的完成，更重视员工的成长和潜能的发挥，帮助员工转变固有的工作思维，从"要我做"变为"我要做"，激发员工的内在动力，从而高效地达成目标。

想要成为一个教练型领导，管理者需要在思维方式、行为习惯以及技能提升等方面做出转变与提升。

1. 思维方式

管理者应将关注点从任务导向转向人本导向，理解每位团队成员的独特性，重视他们的个人发展需求。管理者要发自内心相信员工有能力解决问题，通过提问、引导来激发他们的潜能，而非命令、指示。

此外，管理者应着眼于员工的长期成长，而非短期业绩，关注他们的能力开发，这对团队的持续成功至关重要。

2. 行为习惯

管理者应养成一些良好的行为习惯，如深度倾听、提问引导、反馈与认可等。

简单来说，管理者应营造开放、接纳的沟通氛围，真诚、耐心地倾听员工的观点、感受和需求。在沟通中，管理者可以用开放式问题启发员工思考，帮助他们自我发现、自我解决问题，而非直接给出答案。管理者也要及时、具体地给予员工反馈，既要指出不足，也要肯定优点，同时鼓励团队成员间互相反馈与学习。

3. 提升教练技能

目标设立和行动计划的制订是教练型领导的核心技能之一。管理者需要帮助员工明确他们的职业目标，并制订切实可行的行动计划，以确保他们能够朝着目标前进。同时，管理者还应定期跟进员工的进展，提供必要的支持和调整，确保他们能够持续进步。

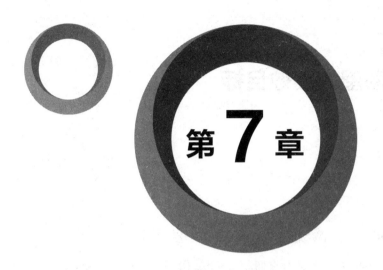

第7章

绩效管理：
促进员工成长的机制

以客户期望为绩效目标

在如今这个竞争激烈的市场环境中，优先满足客户的期望已经成了企业生存和发展的必要条件。而团队以客户期望为绩效目标，其实就是以客户为中心，优先考虑客户需求，而非只关注内部流程和目标。

当团队以满足甚至超越客户期望为目标时，可以有效提高客户满意度，进而增强客户对企业产品或服务的忠诚度，降低客户流失率。同时，满意的客户往往会带来更多的消费和口碑宣传，吸引更多的潜在客户，从而为企业带来持续稳定的业绩增长。

在长期坚持满足客户期望的过程中，企业将在市场上树立良好的品牌形象和口碑，增强品牌影响力。

在某小型零售连锁店中，有一名销售员小李。他虽然工作勤奋，对待客户热情，但总是难以把握客户的需求和期望，所以业绩一直不理想。

小李的上级经理经验丰富，且擅长客户管理。他意识到，如果能够帮助小李更好地理解并满足客户的期望，那么小李的销售业绩将会有显著的提升。

于是，经理决定对小李进行绩效辅导。他首先与小李进行了一次深入的沟通，了解小李在销售过程中遇到的困难和挑战。通过交流，经理发现小李虽然热情，但缺乏深入了解客户需求的技巧，导致他无法有效地将产品特点与客户期望相结合。

针对这一问题，经理为小李制订了一套客户管理的绩效辅导计划。他教小李如何通过观察和提问来收集客户的信息，如何分析客户的需求，以及如何将产品特点与客户的需求相结合，从而提出更具吸引力的销售方案。

在接下来的工作中，小李按照经理的指导，开始尝试运用新的销售技巧。他更加注重与客户的沟通，努力了解客户的真实需求，并根据客户的需求调整自己的销售策略。同时，他也定期向经理汇报自己的工作进展，遇到问题及时请教。

随着时间的推移，小李逐渐掌握了客户管理的技巧，他的销售业绩也开始有了明显的提升。客户对他的满意度越来越高，他也因此获得了更多的销售机会。在一次月度销售会议上，小李因为出色的销售业绩受到了表彰。

将客户期望转化为绩效目标是一个系统的过程，它涉及多个方面的协同工作。以下是一些关键的步骤和策略，供管理者参考。

1. 深入理解客户期望

这一步是基础，如果管理者连客户想要什么都搞不清楚，那转化出来的绩效指标也就没有落实的意义和价值。这就要求管理者在跟客户沟通时，抓住客户的真实需求，常见的方法包括多听少说、提问为主、观察肢体动作和表情、跟客户确认自己的理解是否正确等。

最终你收集到的信息应是详细的、具体的，并且覆盖客户对产品、服务、价格、交付期等各方面的期望。

2. 定义关键绩效指标

基于对客户期望的深入理解，提炼出可量化的绩效指标，如客户满意度指数、净推荐值、首次解决率、客户留存率等。再结合业务的具体特点，制定与客户体验紧密相关的关键绩效指标，如产品质量达标率、产品响应时间、售后服务质量等。

3. 制订实施计划

为确保绩效目标的达成，管理者要制订详细的实施计划，包括确定责任人、分配资源、设定时间节点等。实施计划应具体、明确，以便员工能够清楚地了解自己的工作任务和目标。

4. 提供必要的培训和支持

在项目实施的过程中，遇到各种意外是非常常见的事情。很多时候，单靠员工一个人是无法解决的，甚至有些问题是员工无法理解、无法做决定的。因此，管理者需要提供必要的培训和支持，帮助员工提升技能、改进工作方法，从而更好地满足客户的期望。

5. 建立有效的反馈和激励机制

建立有效的反馈机制，定期对员工的绩效进行评估和反馈。同时，设立激励机制，对达到或超过绩效目标的员工给予认可和奖励，激发员工的积极性和创造力。

6. 持续优化和改进

客户的期望是不断变化的。因此，员工需要持续优化和改进产品和服务，以满足客户的新期望。同时，管理者也要根据业务发展和市场变化，及时调整绩效目标和实施计划。

常见的绩效考核指标

管理小团队，制定清晰的考核制度至关重要。这不仅有助于确保团队成员明确自己的职责，还能激发他们的工作积极性，提高团队的工作效率。

对于人数较少的小团队而言，绩效考核指标的设立需要更为精炼，以确保考核制度既能直观反映出每位团队成员的工作绩效，又能避免过于复杂的评估体系带来的困扰和误导。

相比于已经成熟的大型团队，小团队的绩效考核更多地倾向于突出关键成果和核心能力，因为小团队的运作通常更为灵活，需要快速响应变化，所以考核指标必须能够迅速捕捉到成员在日常工作中最直接、最关键的表现。

1. 绩效考核的好处

（1）促进员工个人发展。绩效考核通过明确的目标设定和定期的反馈，帮助员工了解自己的工作表现和需要改进的地方。员工可以根据这些反馈制订个人发展计划，提升自己的技能和职业素养。这种持续的自我提升不仅有助于员工在当前岗位上取得更好的成绩，也为他们未来的职业发展打下坚实的基础。

（2）优化人力资源配置。绩效考核可以帮助管理者更准确地评估员工的能力和潜力，从而合理地进行人力资源配置。通过绩效数据，管理者可以识别出表现优异的员工，为他们提供更多的发展机会和激励措施。同时，对于表现不佳的员工，管理者可以及时进行培训或岗位调整，以确保人力资源利用的最优化。

（3）节省管理者的时间。通过实施有效的绩效考核，管理者不必介入到所有正在进行的各种事务中，从而专注于制订战略规划和做决策，提升管理效率。

管理者在设立小团队绩效考核指标时，务必先深入了解团队的使命、愿景以及短期和长期的战略目标，结合团队的实际情况和员工的岗位特点，提炼出最为关键、最具代表性的考核指标。

2. 绩效考核指标的特点

（1）简洁明了。易于理解，避免出现过于抽象和复杂的考核指标，确保团队成员一看即懂，知道如何去实现。

（2）实用有效。考核指标应直接与团队的工作内容和目标紧密相连，能准确反映团队成员的工作价值和贡献。

（3）全面覆盖。虽然考核指标数量有限，但应该尽可能覆盖团队成员主要的工作领域和职能，确保没有重要工作内容被遗漏。

（4）可衡量性。选定的考核指标必须是可以量化或可以定性描述并对比的，以便于进行公正、客观的评估。

举例来说，如果是一个创业初期的产品开发团队，可能关键的绩效指标包括产品功能开发完成度、代码质量、漏洞修复效率、客户需求满足度等；如果是市场推广团队，可能重点关注的是营销活动的策划执行效果、新增用户数、用户活跃度提升幅度等。

3. 常见的绩效考核指标

（1）目标完成情况。评估团队成员是否按时、按量地完成了既定的工作目标和任务。这包括项目进度、交付时间、工作量等方面的表现。

比如，一个二手房交易团队每天的工作要求是打 300 个电话，找到 5 个意向客户。那么"300 个电话"和"5 个意向客户"就是很明确的考核指标。

（2）工作质量。衡量团队成员完成工作的水平，这可以通过检查工作成果的准确性、完整性和可靠性来评估。

在很多场景中，工作质量其实是一个很主观的考核指标，你觉得质量不行，另一个人可能觉得做得不错。但在评估工作质量时，有一些考核指标是无论如何都要完成的，它们构成了质量的基石。

比如在打300个电话的过程中，有的销售人员为了拉拢客户夸大宣传，对客户做了一些团队根本无法实现的承诺；再比如销售人员为了完成找到5个意向客户的考核指标，让客户假意答应，实则根本没有合作意向。这些都是工作质量不达标。

（3）工作效率。要评估团队成员完成工作的效率，可以通过工作量与时间的配比、任务完成时间等方面来评估，这意味着员工要在规定的时间里完成自己的任务。

（4）职业素养。职业素养是指一名员工在职场中展现出的专业素质和行为规范，这包括了员工是否能够严格遵守公司的各项规定、行为规范以及道德准则。

职业素养不仅体现在员工的专业技能和知识水平上，还体现在他们的工作态度、团队合作精神、沟通能力以及对待工作的认真程度等方面。一个具备高职业素养的员工，能够在工作中展现出高度的责任感和敬业精神，能够积极主动地完成工作任务，并且能够在面对挑战和压力时保持冷静和专注。

（5）客户满意度。评估团队成员在客户服务方面的表现，包括对客户需求的理解、服务态度、解决问题能力等方面的表现。

没有绩效反馈，绩效＝无效

如果绩效考核只是老板"考"员工的工具，那它将毫无意义可言。绩效考核最重要的一点就是让每位员工都参与其中，员工们不仅能考评自己的工作，还能考评同事和上级的工作，做到考核面前人人平等，每位员工都有话语权。

因为绩效考核与薪酬、奖金和晋升机会等员工的切身利益息息相关，所以员工十分关注。如果考核结果和员工的实际付出相差甚远，不仅无法让员工心悦诚服，还可能引发内部矛盾，甚至是劳务纠纷。而让员工积极参与考核评定，能在一定程度上保证公正客观。

大多数小团队在刚成立，处在摸索、发展阶段时，很多制度尚不完善，绩效考核制度也是如此。因此，在执行绩效考核的时候，一定要有自下而上的反馈。让被考核的员工发表意见，说真话，才能让制度逐渐完善、成熟、有效。

在一个初创的小型科技公司里，有一个由几名核心成员组成的研发团队，他们专注于开发一款创新型软件产品。起初，公司为了规范管理，引入了一套看似严谨的绩效考核制度。

每个月底，人力资源部门按照预先设定的各项考核指标对团队成员进行考核，然后公开考核结果，并以此作为奖金分配和职位晋升的依据。然而，连续几个月下来，团队氛围变得微妙起来，部分员工对自己的考核成绩存有疑虑，觉得有些考核指标并不贴合实际工作情况，甚至有的员工因考核结果不佳而感到沮丧，工作积极性受挫。

团队中最资深的工程师虽然技术实力超群，但在某月的考核中排名垫底，原因是他投入大量精力解决了一个影响产品稳定性的关键难题，而这并未纳入原有的考核指标中。他对此深感不满，甚至开始质疑绩效考核制度的公正性和实用性。

团队负责人敏锐地察觉了这个问题，他意识到自上而下的绩效考核并不能完全体现团队成员的真实贡献，而且可能导致团队士气低落，影响整体效率。于是，他决定改革绩效考核制度，引入绩效反馈机制。

新制度推行后，每位团队成员在收到考核结果的同时，都有权对考核指标、考核标准及考核过程提出反馈意见，还可以匿名提交对管理者和其他同事工作的观察和建议。同时，团队每月举行一次绩效讨论会议，大家共同讨论过去一个月的工作亮点与不足，以及未来如何优化考核指标。

随着绩效反馈机制的实行，团队成员逐渐敞开心扉，积极提出对考核指标的改进建议，公司的绩效考核体系也变得更加贴近实际，更能体现出每位成员的真实付出和价值。团队的凝聚力和战斗力也随之增强，产品的研发进度明显加快，团队的整体绩效得到了显著提升。

在现实中，与案例类似的现象并不少见。一些非常复杂的、技术含量比较高的工作，管理者或者人事部门往往很难理解和量化它们。如果不与员工沟通就自行决定绩效考核指标，由此设立出来的指标就可能会不合理，从而导致最终的考核结果无法让人信服。

建立一个自下而上的绩效反馈机制，就是要确保员工有机会参与到绩效考核的过程之中，能够对考核指标、标准和结果提出意见，这样可以增加考核的公平性和有效性，同时也能激发员工的参与感和责任感。以下是一些可供管理者参考的要点。

1. 共同参与考核指标的设立

邀请所有团队成员共同参与绩效指标的设立，确保指标既符合公司战略目标，又与员工的具体工作职责相契合。考虑不同岗位的特点和职能，管理者可以让员工根据自身工作内容提供实际可行的建议。

2. 定期开展绩效对话

采用多角度反馈机制，主要包括上级评议、同级同事评议、自我鉴定等。管理者要通过下级评议，而客户服务等特殊岗位还可以增设外部客户评议等形式。这样，大家在给同一个人打分的过程中，会因为一些明显的分歧而进行讨论、沟通，特别是上级与下属之间，通过沟通达成共识。这不仅有利于总结以往的工作，也有利于以后更好地协作，统一思想与步伐。

3. 建立正式反馈渠道

设立在线或线下的反馈渠道，方便员工随时提出对绩效考核制度的意见或建议。至于是实名制反馈，还是匿名反馈，管理者可以根据团队内部的实际情况，比如员工对反馈制度的态度决定。也可以定期举办团队绩效讨论会，让员工在会议上公开讨论绩效问题，提出改进措施。

4. 强调双向沟通

上级对下级的反馈要及时、具体、客观，同时要听取并尊重员工对反馈内容的看法和回应。提供面对面沟通的机会，让员工可以与上级直接讨论绩效考核结果，确保双方都理解和认同考核内容。

5. 反馈结果的应用

将员工提供的反馈整合进绩效考核体系中，对不合理或无效的部分进行调整优化。确保员工知道他们的声音能够影响到绩效考核的实际操作，从而提高他们对绩效管理的信任度和满意度。

绩效辅导贯穿绩效管理的整个过程

绩效辅导是绩效管理中的一个关键环节，它指的是在绩效管理周期内，管理者对员工进行跟踪和阶段性检查的过程，旨在及时发现并解决阻碍员工绩效提升的问题。比如很多销售团队会根据员工与客户沟通的实际情况，实时指导他们的销售话术。

绩效辅导是一个有目的、有计划、有步骤的帮扶过程，通过管理者与员工之间的深入交流，讨论工作进展、潜在的障碍和问题、解决问题的办法以及员工取得的成绩等。

这一过程的目的是使员工的知识技能、工作方法、工作态度和价值观念等都得到系统的改善和提高，从而提升个人和团队的整体绩效。

在一个初创的市场营销团队中，有一位叫王丽的初级营销专员，她在入职后的头几个月表现出很强的学习能力，但在面对复杂的市场环境和多元化的客户需求时，便显露出一些不足。团队主管李静洞察到了王丽的潜力和亟待提升的方面，于是决定对她进行一对一的绩效辅导。

在设立绩效目标阶段，李静与王丽共同讨论并设定了下一季度的重点任务，即提升客户满意度、拓展新的潜在客户资源，并完成一定数额的销售额。在日常工作中，李静定期与王丽进行面对面的沟通辅导，不仅关注她的业务进展，还会分享自己多年的实战经验，教她如何进行有效的市场分析、管理客户关系和学习谈判技巧。

在一次重要的客户洽谈中，王丽发现自己在沟通策略和对客户需求的把握上存在不足，导致谈判未能达到预期效果。得知此事后，李静在绩效辅导环节中，耐心地帮助王丽剖析问题所在，教她如何通过深度倾听、精准提问和制订个性化解决方案来满足客户需求，同时传授给她在高压环境下如何保持冷静、灵活变通。

在李静的悉心指导下，王丽逐渐掌握了高效的客户沟通技巧，也开始更深入地研究市场趋势和竞品动态，这使得她在之后的业务活动中如鱼得水。她不仅提高了自己的客户满意度，成功挖掘了多位高质量的潜在客户，还超额完成了季度销售额目标。

绩效辅导贯穿于整个绩效管理过程，它不是仅仅在开始或结束时进行，而是一种持续的活动。它帮助员工解决在绩效考核执行过程中遇到的问题，同时也加强了管理者与员工之间的联系，使得双方能够更有效地协同工作。

通过绩效辅导，员工可以更好地理解自己的工作任务和目标，明确自己的发展方向，从而提升工作积极性和满意度。同时，管理者也能通过这一过程更好地了解员工的工作情况和需求，为设立更合理的绩效指标和标准提供依据。

具体来说，管理者可以从以下几个阶段对员工进行绩效辅导。

1. 绩效目标设定阶段

在季度初、年初或项目启动时，管理者与员工共同讨论和确定绩效目标。这一阶段辅导的重点，是帮助员工理解公司的长期战略目标、部门目标和个人目标之间的关系，以及在实现组织目标过程中需要提升的技能或改进的工作方法。

管理者可以与员工一起探讨并确立具体、可量化、可达成、关联性强和时限性强的个人绩效目标，使其既具备挑战性，又符合员工个人职业发展需求，从而激发员工的潜能，引导他们沿着明确的成长路径前行。

2. 绩效实施阶段

在日常工作中，管理者通过定期或不定期的面谈、指导和反馈，对员工的工作行为和绩效表现进行跟踪和辅导。

沟通中，管理者可以详尽地与员工探讨近期的工作细节，了解他们的工作方法、思维模式以及遇到的挑战，发掘员工在工作中展现出的亮点，诸如项目完成情况、创新成果、工作态度等，对这些闪光点给予充分的认可和赞扬，以激发员工的工作热情和自信心。

与此同时，管理者也要就员工在绩效考核中存在的不足之处给予反馈，并提出切实可行的改进建议，帮助员工认识到自身忽略的细节。这些建议可能涉及技能提升、时间管理、团队协作、决策能力等各方面，旨在全方位地促进员工的个人成长。

除了口头上的反馈和指导，管理者还可以视具体情况为员工提供必要的资源支持，比如专业技能培训、团队合作培训、新技术的应用培训、工作流程优化培训等。

3. 中期回顾阶段

在半年或季度的中间点，进行中期绩效评估，通过绩效辅导确认员工是否能按计划顺利推进工作，对出现的问题及时提供解决方案，并根据环境变化适当调整绩效目标。

4.绩效评估阶段

在年底或项目结束时，进行全面的绩效评估，辅导员工正确看待自己的绩效结果，理解差距产生的原因，找出可改进的空间，同时制订后续行动计划，对员工的努力和进步予以肯定和鼓励。

5.绩效反馈与改进阶段

在绩效评估结束后，上级与员工共同分析绩效报告，提供详细的反馈和建议，制订个人发展计划。同时，通过绩效辅导帮助员工建立起持续学习和反思改进的习惯，激发其内在动力，提升未来的绩效表现。

即时激励和定期激励相结合

即时激励和定期激励是两种常见的激励方式，各有其独特的优势和应用场景。通过灵活运用这两种激励手段，可以更好地激发员工的积极性和创造力，提升团队的整体绩效。

即时激励是指在短时间内给予团队成员激励，通常是在完成一项任务、取得一定成绩或展现出优秀表现后立即给予的奖励或认可。这种激励通常是及时的、直接的，能够即刻激发团队成员的积极性和动力。

例如，当团队成员完成了一项重要任务或解决了一个难题时，团队领导可以立即表扬并给予奖励，以表彰他们的努力和成就。再比如，做某个项目时，一名员工提出了一个能够提升效率的新思路、新方法，这样的场景也需要即时奖励。

定期激励是指在固定的时间点或周期内给予团队成员激励，通常是根据一定的绩效评估标准或达成一定的目标后进行的奖励或认可。这种激励通常是计划性的、长期的，能够帮助团队成员保持持续的动力和积极性。

例如，团队可以设定每月或每季度的绩效目标，根据团队成员的工作表现进行评估，然后在固定时间点进行表彰和奖励。再比如，为留住核心员工，团队可能会给予其股票期权、限制性股票等奖励，通常与团队的长期业绩挂钩。

总体而言，即时激励和定期激励都是重要的激励方式，它们在不同的情况下都能够有效地激发团队成员的积极性和动力。而在具体的奖励过程中，管理者需要注意以下几点。

1. 要明确激励的对象

管理者需要清楚地知道激励措施的实施对象，以确保这些措施能够有效地发挥其作用。如果管理者不清楚激励的对象，可能会导致资源浪费，甚至引起员工的不满和抵触情绪。例如，当某位员工的贡献最为关键，而管理者却将奖励给了整个团队或其他员工时，这位员工可能会感到不公平，从而影响其工作积极性。

2. 选择合适的激励方式

不同的员工可能对不同的激励方式有不同的反应，因此管理者需要深入了解员工的需求和偏好，为他们制订个性化的激励方案。

在制订激励方案时，管理者需要考虑员工的年龄、性别、职位、工作性质等因素，以确保激励方案的公平性和有效性。例如，年轻员工可能更看重职业发展和培训机会，而年长员工可能更关注工作稳定性和福利待遇。管理者应通过调查问卷、面谈等方式，了解员工的实际需求，从而制订出更具吸引力的激励方案。

3. 建立公正的评价体系

无论是即时激励还是定期激励，都需要建立在公正、客观的评价体系之上。管理者需要确保员工的贡献得到公正的评估，避免因为主观偏见或信息不对称而导致激励措施失效。只有在公正的评价体系下，员工才能感受到公平和尊重，才能真正激发他们的工作热情和创造力。

4. 及时反馈激励结果

在绩效管理中，激励措施的重点不仅在于奖励本身，更在于如何通过奖励来激发员工的积极性并引导他们改进工作。所以，管理者需要及时将激励结果反馈给员工，让他们了解自己的表现如何，以及哪些方面需要改进。这样可以帮助员工明确自己的目标和方向，进一步提升工作绩效。

管理者可以定期召开绩效反馈会议，与员工面对面地交流绩效情况；或者通过企业内部通信工具，及时发布激励结果和表扬信息。无论采用何种方式,关键是要确保反馈的及时性和准确性,让员工能够真正感受到激励措施带来的积极影响。

5. 平衡短期和长期目标

首先,如果过度依赖即时激励,团队成员可能会过于关注短期任务的完成和短期利益的获取,忽视了对长期目标的规划和坚持。例如,过于频繁或高额的即时激励可能使员工陷入短视,不再愿意花费时间和精力在需要长时间投入的研发、创新或能力提升等工作上,这对提升团队的长期竞争力和员工的个人职业发展都不利。

其次,过度的即时激励也可能导致员工心态失衡,对常规工作的关注度下降,认为只有那些能迅速带来即时激励的行为才是有价值的,从而削弱了对日常基本工作的完成和持续改进的积极性。

另外,若管理者仅依靠即时激励来维持员工的工作动力,一旦外部环境发生变化,如经济形势波动或团队经营压力增大,无法持续提供同等强度的即时激励时,员工的工作热情和绩效可能会急剧下滑。

保持短期目标和长期目标的平衡,不仅可以确保员工看到眼前的努力所带来的直接回报,又能保持对长远目标的关注和持续投入。

因此,管理者应结合即时激励和定期激励,设计出既能让员工感受到即时满足,又能激发其长远发展潜力的综合性激励方案。例如，在日常工作中，对员工的出色表现及时给予表扬和小额奖励；而在年终或阶段性评估时，再根据员工的全年绩效表现和贡献给予更大的奖励，如年终奖金、晋升机会或股权激励等。这样，既可以保持员工的积极性和工作效率，又能够引导员工关注自身职业发展，实现团队与员工的共同成长。

第 **8** 章

多元化人才管理：
你要懂的用人策略

评估员工要基于客观事实

人在认识事物的时候，很容易受到主观情绪的影响。管理者在评估员工时，一定要基于客观事实，这样才能得出最接近事实的、最有信服力的结果。

基于客观事实的评价摒弃了臆断和偏见，以实际工作表现、业绩数据等客观事实为依据，有利于营造公平的竞争环境，让员工感受到评价体系的公允，提高对评价结果的接受度和信任感。

想要真正做到真实、客观地评估员工，管理者需要注意以下几点。

1. 收集客观证据

在进行员工评估时，收集客观证据是确保评估结果准确、公正、可靠的关键步骤。管理者应通过以下多种途径，广泛而深入地收集能体现员工工作表现的客观证据，以确保可以全面、准确地了解员工的实际工作状况。

（1）业绩报告。业绩报告是员工工作成果最直观的体现，包括销售业绩、项目完成情况、工作量统计、质量控制数据等。这些数据可以清晰地反映出员工在某一时期内的工作成绩和贡献，是评估员工工作能力的重要依据。

（2）客户反馈。客户反馈是评估员工服务质量、沟通能力、解决问题能力等方面的重要参考。管理者可以通过问卷调查、电话访谈、在线评价等方式收集客户对员工服务的满意度、建议和投诉，以此来评估员工在客户关系管理、客户服务技能等方面的水平。

（3）同事评价。同事评价可以反映员工在团队合作、沟通协调、团队精神等方面的表现。管理者可以通过小组讨论、一对一访谈等方式收集同事对员工的评价，了解员工在团队中的角色和影响力，以及与同事的互动情况。

（4）项目文档。项目文档是员工在项目执行过程中产生的各种记录，包括项目计划书、进度报告、会议纪要、问题解决记录、工作总结等。这些文档可以详细地反映出员工在项目执行过程中的态度、责任心、解决问题能力、沟通协调能力等方面的表现。

2. 关注长期表现

对员工的评估不应该仅仅局限于员工近期的业绩表现，还应该深入考察其长期的工作表现、持续的进步情况以及对团队的长期贡献。

（1）长期工作表现是指员工在一段时间内的整体工作状况，这包括员工的工作态度、工作能力、工作成果等方面的表现。长期工作表现可以反映出员工的稳定性和可靠性，以及对工作的投入程度和敬业精神。

通过关注员工的长期工作表现，管理者可以更全面地了解员工的工作状态，避免因短期的业绩波动而对员工做出片面的评估。

（2）持续进步情况是指员工在工作中的持续学习、成长和进步。比如职业技能、知识水平、工作方法、解决问题能力等方面的变化和提升，它们可以反映出员工的学习能力、适应能力、创新能力和发展潜力。关注这些方面，管理者可以了解员工的职业发展轨迹和成长速度，为员工的职业规划和晋升提供参考依据。

3. 避免受偏见影响

在评估员工的过程中，管理者必须时刻保持警惕，避免因个人偏见、个人情感以及刻板印象等潜在干扰因素对评价结果产生不良影响。

（1）个人偏见往往源于管理者自身的经验、知识水平和情感倾向。这些偏见可能导致管理者在评价员工时，不自觉地偏向某些员工或对某些员工持有不公平的评判标准。因此，管理者需要时刻审视自己的心态，确保评价过程中不会受到个人偏见的影响。

（2）个人情感同样是一个潜在的干扰源。管理者与员工之间可能存在的私人关系、过往冲突或是情感纠葛，都可能影响到评价的公正性。为了避免受到情感因素的干扰，管理者也需要保持冷静和客观，将个人情感与工作评估严格区分开来。

（3）刻板印象也是管理者需要警惕的陷阱。这些固有的、一概而论的观念可能会让管理者对某些员工产生先入为主的判断，从而忽略了他们个体的差异性和独特性。刻板印象不仅可能导致评估结果的偏颇，还可能阻碍员工的个人成长和发展。

基于员工在一些项目、一些任务中的实际表现，管理者可以更准确地评估他们的能力和潜力。在此基础上，通过对不同类型的员工，实施有针对性的管理策略，可以有效地提升团队的整体效能。

引导眼高手低型员工

眼高手低型员工通常指的是那些对自身能力有过高的评价，但在实际执行和细节处理上却力不从心的人。他们往往有着远大的目标和抱负，能够洞察到一些宏观的、战略性的问题，但在具体执行和实际操作的过程中却表现得不够出色。

这类员工可能会给团队带来一些负面影响。首先，由于他们过于关注宏观层面，容易忽视细节，导致在执行任务过程中出现偏差或遗漏。其次，他们的高期望和实际执行能力的差距可能会引来其他员工的不满，影响团队的整体氛围和效率。

然而，值得注意的是，眼高手低并非完全负面的评价。这类员工通常具有一些独特的优点和潜力，比如创新思维、战略眼光等。因此，管理者在面对这类员工时，应该采取更加包容的态度，需要明确他们的优点和缺点，帮助他们找到平衡点，将他们的远大目标与实际工作相结合。

在具体的指导过程中，管理者可以参考以下几种方法。

1. 明确期望与现实的差距

在指导眼高手低型员工时，让其明确期望与现实之间的差距是首要的。管理者应以坦诚、开放的态度与这类员工展开深入沟通，帮助他们清晰地认识到自身期望值与实际工作绩效之间的显著差异，促使他们正视自身不足，客观审视自身能力。

（1）管理者应以事实为依据，列举具体的事例来阐述员工在工作中存在的问题。这些事例应具有代表性，能够直观反映出员工在执行能力、工作效率、工作质量、团队协作等方面与期望值的差距。例如，可以列举某项具体任务的完成情况，指出员工在规定时间内未能达到预期目标，或者在处理某个复杂问题时，未能展现出应有的专业技能和决策能力。

（2）运用数据进行佐证也是极为有效的手段。管理者可以引用员工的绩效考核结果、项目完成率、客户满意度调查等客观数据，让员工直观地看到自己的工作表现与团队平均水平、行业标准或公司期望值之间的差距。数据的呈现也应该简洁明了，易于理解，避免过于复杂的统计分析，确保员工能够清晰认识到自身的不足。

2. 设定可实现的目标

管理者给员工设定的工作目标不应过于简单，以免员工产生懈怠情绪；也不应过于困难，导致员工压力过大，丧失信心。管理者应确保设定的目标既具有挑战性，又是员工努力后可实现的，这样的目标才能够激发员工的工作积极性和创新精神。

目标的内容应具体、明确，例如：可以设定为"在三个月内完成某项产品的设计开发，并通过内部评审"，或者"在半年内提升客户满意度至 90% 以上"。这样的目标不仅便于跟踪和评估，可以更好地引导员工的工作，还能确保团队朝着既定的方向前进。

3. 调整心态与职业观

管理者在指导眼高手低型员工时，还应重视对其心态和职业观的调整。这类员工往往对自身能力过于自信，容易忽视实际工作中的困难和挑战，一旦面临困难，便显得脆弱不堪。

（1）鼓励员工培养耐心和毅力。管理者应鼓励这类员工在面对困难和挑战时，保持冷静和坚持，而不是轻易放弃或寻求捷径。

（2）引导员工学会自我反思和自我调整。管理者可以定期与员工进行一对一的沟通，了解他们在工作中的困惑和问题，引导他们进行自我反思，找出造成自身不足的原因并改进。通过这种方式，员工能够逐渐学会自我调整，从而更好地适应工作要求。

（3）引导员工树立正确的职业观。管理者应引导员工认识到职业成功并不仅仅取决于个人的聪明才智或天赋，更重要的是要脚踏实地、持之以恒地努力。

"征服"高绩效型员工

高绩效型员工是指那些在工作中表现出色，能够持续创造高价值成果的员工。相较于普通员工，这类员工通常具备卓越的工作能力和专业技能，能够高效地完成工作任务，并在关键时刻展现出较强的解决问题的能力。无论是面对琐碎事务还是复杂难题，他们都能够迅速找到解决方案，确保工作顺利进行。

这类员工对待工作充满热情，愿意主动承担责任，积极寻求改进和创新的机会。他们不仅仅满足于完成基本任务，还不断追求更高的目标。同时，他们也具备主动学习和适应新环境的能力，能够迅速掌握新知识和技能，应对不断变化的工作需求。

对于小团队来说，每位员工的工作效率对整体团队效能的影响都尤为显著。而高绩效型员工凭借其执行力、专业技能和自我驱动特质，能够在有限的资源和时间内高质量地完成任务，从而带动整个团队工作效率的提升。

不过，有些高绩效型员工可能会表现出一些挑战性行为。由于他们对自己的能力充满信心，当他们发现自己被团队高度依赖时他们可能会变得自视甚高，认为只有自己的方法和观点才是最佳的解决方案，从而忽视了集体智慧的重要性，进而可能导致团队内部的不和谐。

为了充分发挥高绩效型员工的优势，同时减少潜在的负面影响，管理者需要采取一些策略，才能"征服"他们。

1. 赋权与信任

高绩效型员工通常具备强烈的自我驱动力、高度的责任心以及出色的独立解决问题的能力，他们倾向于在自由、宽松的环境中充分发挥自身潜力。因此，管理者应当给予他们充分的自主权和信任，允许他们以自己的方式完成任务，避免过度干预。

在赋予员工自主权的同时，管理者应确保他们拥有完成任务所需的各种资源，如信息、工具、人力、资金等。充足的资源支持能让高绩效型员工在解决问题时更加游刃有余，也能增强他们对管理者的信任。

赋予员工自主权，并不意味着完全放任不管。管理者应在关键时刻提供必要的指导和建议，帮助他们解决复杂问题，避免走入误区。适时的介入既能体现管理者对员工的关心和支持，也能确保任务的顺利推进。

值得注意的是，管理者应该清晰地界定高绩效型员工的职责范围和决策权限，让他们知道哪些事项可以自主决策，哪些事项需要向上级汇报。清晰的权责边界有助于员工明确自己的工作范畴，也有助于管理者把握管控力度。

2. 个性化沟通

每位员工都有自己独特的沟通风格和偏好，而了解和尊重这些差异是建立有效沟通的关键。对于高绩效型员工而言，他们往往在工作上展现出高度的专业性和自主性。因此，与他们进行沟通时更需要考虑到他们的个性化需求。

比如，有些高绩效型员工可能喜欢面对面的深入交流，他们乐于在一对一的谈话中分享观点、讨论问题，并获得管理者的及时反馈。与这类员工沟通时，管理者应安排足够的时间，创造一个轻松、开放的环境，鼓励他们畅所欲言。

个性化沟通不仅有助于提升沟通效率，还能增强员工与管理者之间的信任度和默契度。当高绩效型员工感受到自己的沟通方式被尊重和接纳时，他们会更愿意与管理者分享想法、提出建议，从而为团队带来更多的价值。

3. 促进团队协作

尽管这类员工在个人能力方面表现出色，但仅仅依靠个人的力量是难以完成整个项目的，团队合作才是成功的关键。因此，管理者需要巧妙地引导他们积极参与团队协作，充分发挥其经验和能力对团队的带动作用。

为此，管理者可以采取一些具体的措施。例如，可以在团队会议中设立特定环节，让高绩效型员工有机会分享自己的想法和见解，不仅能让他们在团队的互动中获得灵感，并通过集体讨论来完善自己的观点，还能让其他员工从高绩效型员工的经验中受益。此外，管理者还可以设立"优秀员工奖""创新贡献奖"等，对高绩效型员工进行公开表彰，这不仅能够增强他们的工作积极性，还能树立榜样，激励其他员工向他们学习。

此外，管理者还需要注意防范因个人主义导致的团队冲突。虽然高绩效型员工个人能力突出，但过度强调个人成就和利益可能会破坏团队的和谐氛围。因此，管理者应该引导他们树立正确的团队协作观念，强调团队利益高于个人利益，鼓励他们在团队中扮演积极的角色，为团队的成功做出贡献。

与"老油条"型员工"打太极"

职场"老油条"型员工，他们具备高超的沟通技巧和谈判能力，擅长处理复杂的人际关系，懂得在职场中灵活变通，巧妙应对各种局面，在维护自身和团队利益的同时，也能赢得他人的尊重和合作。

同时，他们对职场规则、公司政策、行业潜规则等有深入的理解，知道何时以及如何利用这些规则为自己和团队争取最大利益，也懂得如何在不违反规则的前提下，巧妙避开一些麻烦。

职场"老油条"常常会表现出一些看似圆滑或世故的行为，如巧妙回避责任、巧妙转移焦点、巧妙利用信息不对称等。这些行为虽然被视为其在复杂职场环境中生存与发展的智慧体现，但有时也会引起其他员工的反感。

如何看待和处理团队中的"老油条"型员工，其实特别考验管理者的能力。因为从正面角度来说，这类员工经验十分丰富，如果处理妥当，能够给团队发展带来极大的助力。但从负面角度来说，如果处理不当，"老油条"的圆滑、世故也极有可能影响团队风气。

1. 扬长

这些资深员工在行业中摸爬滚打多年，积累了丰富的工作经验，对行业规则、市场趋势、客户心理、团队管理等方面有着深刻的理解和独特的见解。他们的经验和智慧是团队的宝贵财富，在提升团队效率、解决问题、规避风险等方面具有不可替代的作用。

这意味着在讨论工作问题、做决策时，管理者不仅要听取他们的建议，还要认真考虑其背后的逻辑和价值。即使他们的观点与管理者本人或主流观点有所不同，也应保持开放和包容的心态，耐心倾听。

在日常工作中，管理者可以给予他们适当的决策权和自主空间，让他们在熟悉的领域发挥专长，同时也要给予他们充分的反馈和认可，让他们感受到自己的贡献被看见、被赞赏。只有这样，才能真正激发他们的工作热情，利用他们的经验优势，为团队创造更大的价值。

2. 避短

虽然这类资深员工在经验方面有着显著优势，但是他们也可能因为长期的工作经历、个人习惯或职业倦怠等原因，出现消极行为或不良倾向，如工作懈怠、推诿责任、过度保守、固步自封等。这些行为不仅会影响他们的个人绩效，也可能对团队氛围、协作效率、工作成果等产生负面影响。

这需要管理者具备敏锐的观察力和判断力，能够从他们的言行举止、工作态度、工作绩效等方面，发现潜在的问题和风险，然后立即采取行动，通过沟通、教育、激励、奖惩等方式，引导"老油条"改变消极行为，纠正不良倾向。

在引导和纠正消极行为和不良倾向时，管理者应注重方法，避免引发"老油条"型员工的抵触或对抗情绪。例如，可以采用私下沟通的方式，让"老油条"认识到问题的严重性，自愿改正。

揪出团队中的"南郭先生"

　　"南郭先生"这一称呼源于中国古代寓言故事《滥竽充数》。在战国时期，齐宣王特别喜欢听合奏，于是就组织了一个三百人的吹竽乐队。南郭先生本不具备吹竽的技艺，却混在乐队中装模作样地吹奏，靠蒙混过关获取报酬。

　　通过这一寓言故事，相信大家也能明白，在一个团队中，"南郭先生"是指那些占据了一席之地，但实际工作能力和贡献与其所处位置不符的人。他们可能凭借某种机缘或手段获得了目前的职位，但实际上并未具备相应岗位所要求的专业技能、知识水平或经验积累，无法胜任该工作。

　　为了掩饰自己能力的不足，他们会精心打造表面假象，如在会议中发言踊跃但内容空洞，或是看似忙碌实则效率低下，通过制造忙碌的假象来避免被人质疑其实际工作成果。在团队协作中，他们往往依赖他人完成任务，善于"搭便车"，利用他人成果来填充自己的工作成绩单；或者将难题推给他人解决，自己则避免承担责任。

当问题出现时，"南郭先生"往往会找借口推诿责任，或是将问题归咎于外部因素，不承认自己的失误或不足。他们善于利用公司规则、人际关系或其他手段来保护自己免受责罚。

由于"南郭先生"在团队中占据了一定的位置，却无法提供应有的贡献，这不仅浪费了团队资源，也可能拖慢团队整体的工作进度，降低团队效率，甚至破坏团队氛围，影响其他员工的积极性。

在一个成立不久的小团队中，隐藏着一个"南郭先生"，他的存在像一颗定时炸弹，随时可能给团队带来不可预知的危害。

这位"南郭先生"名叫李华，他外表看起来一副和善的样子，总是笑容满面。然而，他却缺乏真才实学，总是利用他人的努力来掩盖自己的无能。

团队最近接到了一个重要的项目，需要在规定的时间内完成。每位成员都积极投入工作，努力贡献自己的力量。然而，李华却总是以各种借口推诿工作，找其他员工帮忙。

员工小王是个热心肠的人，他看到李华总是无法按时完成工作，便主动提出帮助李华。然而，当小王仔细查看李华的工作成果时，却发现其中充满了错误和疏漏。小王试图指出这些问题，李华却一副不以为意的样子，认为自己已经做得很好了。

随着时间的推移，团队中的其他成员也逐渐发现了李华的问题。他们发现，每当团队遇到困难时，李华总是选择逃避或推卸责任。他的消极态度和不负责任的行为开始影响整个团队的氛围和士气。

最终，在项目交付的关键时刻，李华的问题暴露无遗。他负责的部分出现了严重的问题，导致整个项目无法按时交付。团队因此遭受了巨大的损失，不仅失去了客户的信任，还影响了公司在业界的声誉。

团队的管理者一定要慧眼识"真"，揪出团队里的"南郭先生"。管理者可以参考以下建议，试着找出团队里的"南郭先生"。

1. 观察工作态度与效率

"南郭先生"往往缺乏真才实学，因此他们可能在工作态度上显得消极，效率低下。管理者可以观察员工是否经常拖延工作、逃避责任或表现出明显的懒散态度，出现这些现象的员工都有可能是"南郭先生"。

2. 评估工作成果与质量

检查团队成员的工作成果，看其是否符合预期的标准和质量。如果某位员工的工作成果经常出现问题或需要反复修改，这可能意味着他们缺乏必要的技能或知识储备，很有可能是"南郭先生"。

3. 留意团队反馈与互动

团队成员之间的反馈和互动是揪出"南郭先生"的重要途径。管理者要注意观察有没有哪位员工经常受到其他员工的批评或抱怨，或者在团队讨论中很少提出有价值的建议。

4. 注重绩效管理

绩效管理，涵盖了工作目标的设定、任务完成的时间节点以及工作质量的评估等多个方面。此外，它还包括对团队协作能力的考察，以确保团队成员之间能够高效地配合和沟通。

因此，绩效管理不仅仅是为了在发放工资时提供参考，它还能够让管理者及时发现员工在工作中遇到的问题，有助于揪出那些表现不佳的"南郭先生"。

5. 进行深入的调查与访谈

如果怀疑某位员工可能是"南郭先生"，管理者可以进行深入的调查和访谈，与其相关人员进行交流，了解他们对该员工的看法。这有助于管理者更全面地了解该员工的工作能力和表现，从而确定其是否为"南郭先生"。

需要注意的是，揪出"南郭先生"并不是目的，更重要的是帮助他们认识到自己的问题并寻求改进。因此，在揪出"南郭先生"后，管理者应该与他们进行坦诚的沟通，指出他们的问题并提供改进建议。同时，也要给予他们一定的时间和机会来证明自己能够改变并提升自己的能力。

第**9**章

凝聚人心：
把小团队建成命运共同体

人性化管理，不要立太多规矩

以管理者为核心，注重团队成员之间互动和信任的管理方式，是管好小团队的一种人性化管理方式。管理者通过个人魅力、经验、智慧和情感投入来引导团队，而不是完全依靠严格的规章制度。

小团队通常规模较小，成员之间关系紧密，沟通高效。在这种情况下，过多的规矩可能会束缚团队成员的创造力和灵活性，限制他们的工作方式和思考模式。而人性化管理方式则注重人与人之间的直接交流和协作，能够根据具体情况灵活调整工作方式，更好地适应变化和挑战。

在面临市场变化或项目需求调整时，小团队需要迅速做出决策并采取行动。过多的规矩可能会导致决策过程烦琐、缓慢，甚至可能阻碍团队的行动。而人性化管理方式则能够更快速地做出决策，提高团队的响应速度和执行力。

此外，小团队成员之间通常具有较强的信任感和默契度。团队成员更愿意相互支持、协作，共同面对挑战。过多的规矩可能会破坏这种信任感和默契度，导致团队成员之间产生隔阂和矛盾。而人性化管理方式则能够更好地维护团队成员之间的关系，促进团队内部的和谐与稳定。

当然，这并不意味着小团队完全不需要规矩。一些基本的规章制度和工作流程仍然是必要的，它们能够确保团队的正常运转和项目的顺利进行。但是，在立规矩时，管理者应该注重灵活性和适应性，避免过于僵化和烦琐。

　　一个科技公司，新成立了一个研发小团队，专注于开发一款 AI 语音助手产品。团队的领导是经验丰富的技术"大牛"黄龙，他深信人性化管理方式优于繁杂的规章制度，因此在团队管理上，他尽量简化规矩，更注重通过人性化的方式引导和激发团队成员的潜能。

　　黄龙在组建团队时，就明确提出，每位员工都有权利和责任参与决策，共同塑造团队文化。他鼓励员工们积极表达观点，提出建议，甚至在项目方向上与成员有异议时，也欢迎公开讨论，寻求共识。这种开放、和谐的氛围让每位成员都感到被尊重、有发言权，从而激发了他们的积极性和创新精神。

　　在日常工作中，黄龙并未制定过多的硬性规定，而是通过个人示范和言传身教，引导团队养成良好的工作习惯。他以身作则，严谨对待每一项工作，要求员工也是如此。同时，他倡导团队成员之间相互学习，分享知识，共同解决问题。他定期组织技术分享会，让每位员工都有机会展示自己的研究成果，分享心得，提升整个团队的技术水平。

在团队面临困难时，黄龙更是发挥了人性化管理方式的优势。有一次，项目进度严重滞后，团队士气低落。黄龙没有责备任何人，也没有强行制订赶工计划，而是召集大家一起分析问题根源，找出解决方案。他耐心听取每个人的建议，尊重每个人的感受。最终大家一致决定加班加点，共同努力，成功完成了项目。这次经历让员工们深刻感受到了团队的力量，他们变得更加团结，更有信心面对未来的挑战。

随着时间的推移，这个小团队在黄龙的管理下，不但圆满完成了多个重要项目，而且每位员工的个人能力也得到了显著提升，他们之间的关系更加融洽，团队凝聚力也更强。公司的高层对这个团队的表现给予了高度评价，认为他们不仅在技术上领先，而且在团队建设、文化塑造等方面也堪称典范。

需要注意的是，人性化管理方式不是要求管理者一味地和员工抱成一团，而是在制定合理、基础的规矩之上，实行人性化的管理。此外，也有一些管理者必须关注的因素。

1. 尊重个体差异

每位员工都有其独特的性格、优势和偏好。在人性化管理方式中，管理者应充分尊重这些差异，根据每位员工的特点进行个性化管理，如分配适合其发展的任务、给予适合其学习方式的培训等。这样不仅能激发团队成员的工作热情，还能提升团队的整体效能。

2. 适时调整管理策略

随着团队的发展和环境的变化，人性化管理方式需要适时调整。管理者应保持敏锐的观察力，及时发现团队成员出现的新问题、新需求，灵活调整管理策略，确保这种方式始终适应小团队的实际需要。

3. 避免过度依赖个人

虽然人性化管理方式强调管理者的个人作用，但也可能会导致团队过于依赖管理者，一旦管理者离开或者状态不佳，团队就可能会陷入混乱。因此，管理者应注重培养团队成员的自主性，鼓励员工自我管理、自我激励，逐步建立起稳定的管理体系。

重视营造团队氛围

在管理小团队时，很多管理者并不重视营造氛围，更倾向于就事论事，有的管理者甚至还会做出破坏氛围的事情。

比如有的公司在经营上遇到困难之后，管理者直接当着员工的面说"咱们今年没有奖金，因为公司快经营不下去了"之类的消极的话。这无异于对员工进行负面的心理暗示，员工心里会想"既然领导都这么说了，那肯定没什么希望了，还是赶紧找下一份工作吧"，而不是积极地想办法和公司一起渡过难关。

成为小团队的管理者后，你需要具备全局观念，从关注个人转变为关注团队整体，要善于营造团队氛围。

营造团队氛围的核心就在于调动员工的工作意愿，激发他们的工作热情。只有这样，才能不断地吸引人才，并留住人才，使公司可以持续、健康地发展下去。

一家专注于创意设计的小团队，由六名设计师和老板李明组成。这个团队以其积极的工作氛围和卓越的协作效率而著称。

李明非常注重氛围的营造。他深知，只有在一个充满创意和活力的环境中，员工的创造力才能够被最大限度地激发出来。

首先，李明将办公区域设计成开放式。他打破了传统的隔间布局，让员工能够在一个自由、通透的空间中工作。这种布局不仅增强了员工之间的交流和互动，还使得创意的火花能够在不经意间碰撞出来。

其次，李明非常重视员工的个性化需求。他鼓励员工在办公区域布置具有个人特色的装饰，如艺术作品、绿植和舒适的座椅等，让工作环境更加温馨。

再次，李明非常注重激发员工的积极性和创造力。他鼓励员工提出自己的想法和意见，并给予充分的支持和资源。同时，他还会定期组织创意分享会，让员工能够相互学习，受到启发。

最后，李明还会定期组织团队建设活动，如户外拓展、聚餐和观影等，以增强团队凝聚力和员工归属感。

在这种氛围下，员工之间逐渐产生了默契和信任，他们乐于协作为团队的目标付出努力，也愿意在团队中分享自己的知识和经验。这种积极的团队氛围使得这家创意公司在业内逐渐崭露头角，赢得了客户的认可和好评。

那么，常见的小团队管理者营造氛围的方式都有哪些呢？

1. 建立开放透明的沟通机制

这是营造积极团队氛围的基础。管理者应鼓励员工之间保持开放、坦诚的沟通，确保信息传递的畅通无阻。通过定期的团队会议、一对一交流或线上沟通工具，促进员工间的信息共享和意见交流，从而增强团队的凝聚力和向心力。

2. 推行扁平化管理结构

这种管理模式有助于打破传统的管理层级壁垒，使信息传递更加顺畅，从而提高整个团队的响应速度和工作效率。在扁平化管理的框架下，员工可以直接与管理者沟通，减少了中间环节，使得决策过程更加迅速和高效。这不仅能够激发员工的创造力和积极性，还能够促进员工之间的协作与交流，提高团队整体的适应性和灵活性。

此外，扁平化管理还能够降低小团队的管理成本。由于管理层级的减少，小团队可以节约行政开支和人力资源成本，将更多的资源投入到核心业务和创新发展中，进而提高竞争力。

3. 注重团队文化建设

建设团队文化是营造团队氛围的核心。团队文化在很大程度上决定了一个团队的整体氛围，它是团队成员共同价值观、行为准则和工作方式的集中体现。

管理者应注重建设积极向上的团队文化，引导员工形成共同的价值观和行为规范。同时，通过组织各种团队建设活动，如团队聚餐、户外拓展等，增强员工之间的归属感和凝聚力，营造团结、协作、创新的团队氛围。

管理者充分授权，解放员工创造力

团队应该避免沉闷，要保持活力和动力，让员工们积极行动起来。就像一滩水，只有流动起来才不会变臭变黑。如果管理者事事都要插手，员工们就会失去主动性，什么事都要等管理者决定后才能行动。这样长期下去，团队就会像一潭死水，失去活力和创造力。

在一个小型的创意设计公司里，有一位名叫徐立的管理者。他无论大事小事，都喜欢亲自过问，甚至亲力亲为。员工们虽然敬佩他的勤奋和细致，但久而久之，他们也渐渐失去了活力和创造力。

设计师张熙是公司的骨干之一，他有着丰富的设计经验和独特的创意思维。然而，在徐立的严格管理下，张熙发现自己很难有施展才华的空间。每次他提出新的设计方案，徐立总是以自己的想法为准，对张熙的创意进行一番修改，甚至直接否定。

渐渐地，张熙变得越来越被动，他不再主动提出新的想法，而是等着徐立发号施令。其他员工同样感到自己的活力和创造力被束缚，工作变得单调乏味。

有一天，公司接到了一个重要的设计项目，需要在短时间内拿出一套令人眼前一亮的方案。张熙和其他员工虽然努力工作，但经过徐立修改后的方案始终无法达到客户的期望。

徐立看在眼里，急在心里。他开始意识到，自己过于自我的管理方式是导致团队创造力被束缚的原因。他决定改变现状，给予员工更多的自主权和参与决策的机会。

于是，在接下来的工作中，徐立开始放手让员工们自由发挥，鼓励他们提出自己的创意和想法。张熙和其他员工感受到了前所未有的信任和尊重，他们的创造力得到了提高。

经过一番努力，团队终于拿出了一套令人惊艳的设计方案，赢得了客户的赞赏和信任。这次成功的经历让徐立深刻体会到了员工有活力和创造力的重要性，也让他更加坚定了改变管理方式的决心。

从此以后，徐立逐渐学会了在管理中给予员工更多的自主权和信任，让他们在工作中能够充分发挥自己的才能和创造力。而员工们也在这种宽松、自由的环境中不断成长和进步，为公司的发展贡献着自己的力量。

当员工被赋予一定的决策权和行动自由度时，他们会认为自己的工作更具价值和影响力。这种自主性促使员工从被动执行者转变为问题解决者，从而增强对工作的主人翁意识和责任感。此类心态转变能激励他们主动思考、创新实践，积极寻求提高效率、解决问题的新方法，释放创造力。反之，如果大小决策都需要经过上级审批，不仅会耗费大量时间，还可能会错过最佳时机。

当然，管理者也需要注意，授权要充分，但也要合理，不能让授权变成放纵。因此，管理者在授权时，一定要适度。

1. 评估员工的能力和意愿

在授权之前，管理者需要评估员工是否具备完成任务所需的能力，以及他们是否愿意接受这一挑战。只有当员工具备足够的能力和积极的意愿时，授权才可能取得成功。

2. 提供必要的支持和资源

授权并不意味着管理者可以完全放手不管。相反，管理者需要为员工提供必要的支持和资源，包括相关信息、一对一指导以及专题培训等。这样可以帮助员工更好地应对挑战，确保任务顺利完成。

3. 确保授权的连续性和稳定性

授权应该是一个连续且稳定的过程，而不是一次性的行为。管理者需要定期评估授权的效果，根据情况进行调整和优化。同时，要保持对员工的信任和支持，让他们感受到自己的成长和进步被认可。

4．建立风险控制机制

在授权过程中，管理者还需要考虑风险控制，包括设定合理的风险阈值、建立风险预警机制以及制订应对措施等。这样可以在保证授权效果的同时，最大限度地降低潜在风险。

管理团队必须重视共情能力

　　所谓共情能力，就是一个人能够理解并感知他人的情绪、感受、想法和立场，能够设身处地地站在他人的角度思考问题，体会并回应他人的情感状态。共情能力是管理者在管理团队时需要具备的重要能力。

　　共情能力强的管理者能够深入理解团队成员的需求、困扰和期待，这有助于双方建立更深层次的信任关系，增强团队成员对管理者的认同感和归属感。通过共情，管理者能够准确把握团队成员的情绪波动和心理状态，采用更恰当的沟通方式和语言，有效地传达信息、解决冲突、促进共识，提高团队的沟通效率。

　　具备共情能力有助于管理者营造一个包容理解的工作氛围，使团队成员感到被尊重、被理解、被关心，从而增强团队的凝聚力。管理者通过共情理解团队成员的兴趣、特长和职业发展愿望，能够为他们提供更适合的发展机会，激发他们的创新精神和工作潜力，提高团队的整体绩效。

具备共情能力的管理者通常被视为更具人性化、更具同理心的领导者，这有助于提升其在团队成员心中的个人魅力和影响力，增强团队成员的忠诚度和稳定性。

一家科技公司内部新成立了一个团队，该团队由一位叫李娜的管理者领导。她带领这支由程序员、设计师和产品经理组成的小团队，负责开发一款具有创新性的移动应用程序。

李娜深知，作为一个团队管理者，拥有共情能力对于团队的和谐与成功至关重要。因此，她总是努力站在团队成员的角度思考问题，关心他们的需求和感受。

有一天，团队中的程序员小张遇到了一个技术难题，连续几天都没有进展。他感到沮丧和焦虑，担心自己的表现会让团队其他成员失望。李娜察觉到了小张的情绪变化，主动找他谈话。

在谈话中，李娜耐心地倾听了小张的困惑和担忧，用温和的语气鼓励他不要放弃。她告诉小张，每个人在工作中都会遇到困难和挑战，关键是要学会面对和解决它们。同时，她还分享了自己过去遇到类似问题时是如何克服困难的。

小张被李娜的真诚和理解打动了，他感受到了管理者的关心和支持。在李娜的鼓励下，他重新振作起来，积极寻找解决方案。最终，他成功攻克了技术难题，为团队的项目进展做出了重要贡献。

这个事件让团队成员更加信任和尊重李娜。他们知道，李娜不仅是一个出色的管理者，还是一个能够理解他们、关心他们的同事。在李娜的带领下，团队成员相互支持、相互学习，共同面对工作中的困难。

在培养共情能力时，管理者可以参考以下几种关键因素。

1. 理解员工语言背后的情感与需求

作为团队的领导，管理者有责任去了解员工的心声，理解他们的所思所感。在日常工作中，员工往往会面临各种挑战和困惑，他们需要有人倾听自己的心声，理解自己的困境。

有效倾听并非简单地等待员工发言，然后迅速给出自己的建议或解决方案。有效倾听需要管理者放下心中的预设和偏见，全神贯注地投入到与员工的对话中，耐心地等待员工完整地表达自己的想法，感受他们的情绪变化，理解他们的需求和期望。在这个过程中，管理者不仅仅是员工话语的接收者，更是他们情感的共鸣者和需求的满足者。

通过积极倾听，管理者能够更深入地了解员工的立场和处境。

他们能够捕捉到员工言语背后的深层含义，洞察到员工可能存在的困惑和疑虑。这种深入的理解有助于管理者更加精准地把握员工的需求和期望，从而为他们提供更加贴切的支持和指导。

倾听只是起点，管理者不仅要听员工说，更要理解员工语言背后的情感与需求。当员工感受到管理者真正关心他们的想法和感受时，他们会更加信任管理者，愿意与管理者分享更多的信息和意见。这种信任关系的建立对于团队的凝聚力和向心力来说至关重要，它能够促进团队成员之间的合作与沟通，推动团队向更高的目标迈进。

2. 培养同理心

同理心是共情能力的核心。管理者可以通过回顾自己的经历和感受，尝试站在员工的角度思考问题，以便更好地理解他们的处境和感受。

多与不同背景的人交往。通过与来自不同文化、社会阶层和职业背景的人交流，管理者可以了解到更多元的观点和生活方式。这不仅能拓宽管理者的视野，还能帮助管理者更好地理解他人的感受和需求，从而培养出更广泛的同理心。

3. 持续学习和反思

共情能力的培养是一个不断发展和提升的过程。管理者应时刻保持开放的心态，不断学习和反思自己的管理方式和行为。通过参加培训、阅读相关图书以及与同行交流等方式，管理者可以不断提升自己的共情能力，更好地服务团队。

"帮人"比"炒人"更利于团结

在面临团队成员表现不佳或存在问题时，管理者有两种常见的应对策略："炒人"或"帮人"。前者是通过解雇或替换问题成员来解决问题，后者则是通过提供支持、培训和指导来帮助成员克服困难、提升能力。当员工并非冥顽不灵，仍然具备可塑性和改进空间时，选择"帮人"而非"炒人"，更有利于维护团队稳定。

小团队往往有着资源有限、员工之间关系紧密等特点，在这种情况下，员工对团队的信任显得尤为重要。如果管理者选择"炒人"，即轻易地解雇那些表现不佳或不符合期望的员工，很可能会破坏团队的凝聚力，导致其他员工感到不安和不信任。这种氛围一旦形成，就很难恢复，对团队的长期发展极为不利。

相比之下，"帮人"则是一种更加积极、人性化的管理方式。通过帮助员工解决工作中的问题，提升他们的能力，管理者不仅能够改善员工的个人表现，还能够增强员工对团队的归属感和忠诚度。这种管理方式有助于形成积极互助的团队文化，使团队成员更愿意为团队的成功付出努力。

在一个充满活力的小团队里，有五名成员，他们分别是项目经理赵明、技术专家张明、设计师王芳、市场专员赵磊和实习生小刘。这个小团队的目标是开发一款应用程序，并推向市场。

在项目的初期，实习生小刘由于经验不足，经常在工作中遇到难题。他有时会因为技术上的困惑而犹豫不决，有时会因为设计上的想法与团队不合而感到挫败。面对这些挑战，小刘感到压力很大，甚至想要辞职。

然而，团队的项目经理赵明并没有选择"炒人"，而是选择了"帮人"。赵明经常与小刘沟通，了解他的困惑和难题，并耐心地给予指导和建议，同时鼓励其他团队成员对小刘提供帮助。

在团队的帮助下，小刘逐渐克服了困难，取得了显著的进步。他不仅成功地完成了自己的任务，还为团队提供了许多新的想法和创意。团队成员之间的合作也变得更加默契和高效，整个团队的士气也得到了提高。

最终，这个小团队成功地开发出了一款应用程序，并获得了市场的认可。

在管理小团队时，"帮人"比"炒人"往往更有利于团队的发展。

1. 维护团队稳定

当员工目睹或听说有同事因为能力不足而被解雇时，他们往往会感到不安和担忧。这种情绪不仅源于对自身职业安全的考虑，还源自对团队未来走向的不确定。员工们会开始质疑管理层的决策标准，担忧自己是否也会因为某个无意识的失误或暂时的低效表现而遭受同样的命运。这种紧张气氛不仅会影响团队成员的心理状态，还可能引发他们的过度自我保护行为，如过度竞争、信息封锁、相互猜忌等，进一步破坏团队内部的和谐氛围。

与此相反，帮助团队成员提升能力、解决问题，则可以增强团队成员的归属感和安全感。当管理者展现出愿意投入时间和资源去协助团队成员成长，而不是简单地将问题归咎于个人并迅速辞退员工时，员工们会感受到被尊重和被珍视。他们明白，即使在面临困难或犯错误时，自己也不会立刻被抛弃，而是有机会得到指导和帮助，逐步提升自我。这种安全感有助于消除团队成员心中的疑虑和恐惧，让他们更愿意全身心地投入到工作中，形成积极、专注的工作态度。

2. 培养忠诚度

培养团队成员的忠诚度是构建高效团队、提升团队凝聚力的关键因素之一。忠诚度高的团队成员不仅更愿意为团队付出努力，也更可能在面对困难时坚定地与团队共渡难关，从而为团队的长期稳定和发展奠定坚实基础。相较于"炒人"，选择帮助团队成员提升能力、解决问题，更能培养团队成员的忠诚度。

3. 节省成本

"炒人"时，团队不仅要承担相应的辞退赔偿，还要面对招聘新员工带来的各种成本，包括招聘费用、培训费用、适应期成本等，而帮助现有员工提升能力、解决问题，可以减少这些支出。